丝绸之路的历史（下）

SICHOU ZHILU DE LISHI

丛书主编 / 王义桅

分册主编 / 张颖　姜凤云

新世界出版社
NEW WORLD PRESS

图书在版编目（CIP）数据

丝绸之路的历史．下 / 张颖，姜凤云分册主编．
--北京 ：新世界出版社，2018.2（2021.2重印）
（“一带一路”读本 / 王义桅主编）
ISBN 978-7-5104-6171-2

Ⅰ．①丝… Ⅱ．①张… ②姜… Ⅲ．①“一带一路”
—国际合作—青少年读物 Ⅳ．①F125-49

中国版本图书馆CIP数据核字(2018)第005003号

编　委　郭瑾瑾　武慧莹　李　晶　马　迪　滕　林
付雨琪

丝绸之路的历史（下）

分册主编：张　颖　姜凤云
责任编辑：曲衍立
责任印制：王宝根　章莹莹
出版发行：新世界出版社
社　　址：北京西城区百万庄大街24号(100037)
发 行 部：(010)6899 5968　(010)6899 8705（传真）
总 编 室：(010)6899 5424　(010)6832 6679（传真）
网　　址：http://www.nwp.cn
http://www.nwp.com.cn
版 权 部：+8610 6899 6306
版权部电子信箱：nwpcd@sina.com
印　　刷：合肥华云印务有限责任公司
经　　销：新华书店
开　　本：787mm×1092mm 1/16
字　　数：60千字　　　印　　张：4
版　　次：2018年2月第1版　2021年2月第4次印刷
书　　号：ISBN 978-7-5104-6171-2
审 图 号：GS（2018）3692号
定　　价：11.00元

我们与收入本书的作品（包括图片、画作）的作者进行了广泛联系，得到了他们的大力支持，对此我们表示衷心感谢。但仍有部分作者未能联系上，烦请作者与我们联系，以便支付稿酬。

PREFACE 前言

丝绸之路是源于古代中国，连接亚洲、非洲和欧洲的商贸之路，也是东西方经济、政治、文化的交流之路。它促进了沿线各国物质的繁荣和经济的发展，加强了沿线各民族之间的联系，推动了世界文化多样性的发展，对整个人类文明史产生了重大而深远的影响。

2013 年 9 月和 10 月，中国国家主席习近平在出访中亚和东南亚国家期间，先后提出共建“丝绸之路经济带”和“21 世纪海上丝绸之路”（即“一带一路”）的倡议，得到国际社会的高度关注。“一带一路”倡议为古代丝绸之路注入了新的时代内涵，展示了中华民族的博大胸怀与豪迈气魄。

中学生作为祖国的希望，国家未来的栋梁之材，了解丝绸之路的历史，传承和弘扬丝绸之路精神十分必要。基于这样的思考，我们专门策划和编写了针对中学生的“一带一路”读本——《丝绸之路的历史》《丝绸之路的重生》。

在策划编写本套读本的过程中，我们邀请到了中国人民大学欧洲研究中心研究员、国际关系学院教授、博士生导师王义桅老师担任我们的主编。王义桅老师是“一带一路”问题的研究专家，对“一带一路”沿线国家有着自己独特且深刻的见解，曾出版过《再造中国——领导型国家的文明担当》《世界是通的：“一带一路”的逻辑》等多部相关专著，广受读者好评，是 2015 和 2016 年度“中国好书”获得者。

本套读本根据中学生的年龄特点、知识结构和接受能力进行编写，具有通俗易懂、知识性和趣味性强等特点，综合介绍了丝绸之路的历史和“一带一路”建设的现状与成就。

《丝绸之路的历史》和《丝绸之路的重生》均分为上、下两册，每一册分为九课，在编排上以课文配课后思考题的形式呈现，便于学生自读、教师指导。针对学生重“图”轻“文”的特点，我们在书中加入了大量精美的插图，采用图文结合的方式，让学生在获得美的享受的同时轻松理解书中的知识；对学生可能不太理解但很感兴趣的事件或名词，我们设置了“知识链接”栏目，以拓宽学生的视野，提高学生阅读的兴趣；在每一课的末尾我们还设置了“课后思考”，以培养学生思考问题和解答问题的能力。

我们期待各位中学生能在清新优美的文字和图文并茂的情境中，学习到“一带一路”的相关知识和丝路上传奇人物的可贵精神品质，感受到“和平合作、开放包容、互学互鉴、互利共赢”的丝路精神，立志为“一带一路”建设奉献自己的力量。

目 录

Contents

第一课　西南丝绸之路

西南丝绸之路形成于两千多年前的汉代，在西汉时称为“蜀身毒道”（蜀指四川，身毒是印度河流域的一个古国）。它从今四川起始，经云南的大理等地，从保山出境入缅甸，到达印度，再从印度延伸到中亚、西亚，甚至到地中海沿岸。这条沟通中国与南亚、中亚、西亚及欧洲的国际通道是中国较早的对外陆路交通线，也是中国西南地区与南亚、西亚、西欧、非洲交通线中最短的一条。由于这条商道早期以丝绸贸易为主，因此被称为“西南丝绸之路”。

西南丝绸之路的概况

公元前 126 年，在外漂泊了 13 年的张骞回到长安，向汉武帝汇报西域的情况，他提到了一条重要消息：在汉朝西南可能有一条途经身毒的秘道，通过这条秘道可以通往大夏（西域古国之一）。这一消息引起了汉武帝的高度重视，于是汉武帝派出四路人马前往探索，却被藏在深山峻岭中的当地部族阻挡。其中一路幸运地来到滇池，滇王热情款待了他们，并留他们一住就是十来年。其间，他们在滇王帮助下继续西行，却为昆明人所阻，最终没能完成对身毒的探险。后来，汉武帝又派兵攻打西南夷、夜郎、滇等。但昆明、雟等族的首领为了垄断利益丰厚的过境贸易而拼死抵抗，历经十多年，结果仅打通了从四川成都到云南大理洱海地区的道路，没能直通印度。一直到东汉明帝永平十二年（公元 69 年），滇缅通道才终于打通，并进一步延伸到印度，至此西南丝绸之路畅通。这就是西南丝绸之路的由来。

知识链接

昆　明

这里的“昆明”并非指城市，而是一个居住在中国西南地区（在今云南西部、四川西南部）的古代民族的族称。“昆明”作为地名出现是在唐朝，并沿用至今。

仔细想来，西南丝绸之路与西北丝绸之路有着异曲同工之妙。二者都是重要的国际商贸通道；都以出口中国古代的“国宝级”商品——丝绸制品和茶叶为主；沿途的道路都艰险无比、困难重重——一条穿行于深山老林，一条贯穿于茫茫沙漠；都有商队往来不断——一条以马队为主，一条以驼队为主；都有着悠久的历史……不过，西南丝绸之路更多带有民间的性质，而西北丝绸之路在进行贸易的同时，官方交流和政治色彩较为浓厚，以至于西南丝绸之路的知名度远不及西北丝绸之路。

知识链接

西北丝绸之路即人们通常所指的丝绸之路，也就是张骞出使西域后开通的丝绸之路。它因通过新疆的塔克拉玛干沙漠和中亚的若干沙漠地区，所以也被称为沙漠丝绸之路。

西南丝绸之路的路线主要由灵关道、五尺道和永昌道组合而成。

灵关道：成都—芦山—雅安—汉源—泸沽—喜德—西昌—盐源—大姚—大理。

五尺道：成都—宜宾—昭通—赫章—曲靖—昆明—楚雄—大理。

永昌道：大理—保山—腾冲—古永—缅甸—印度。

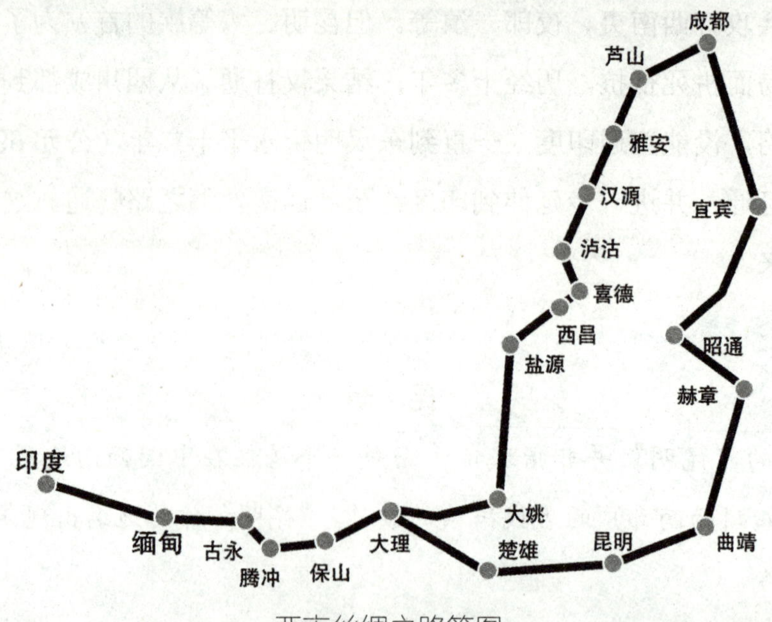

西南丝绸之路简图

西南丝路不仅是多方位多线路的对外通道，而且具有多功能的显著特征。如在商贸上，通过西南丝绸之路，中国的丝绸、蜀布、茶叶、铁器、工艺品等源源不断地输出，国外的香料、琉璃、珠宝等也接连不断地输入，体现出多元的特点。西南丝绸之路在历史上所起的作用也是多方面的，除了商贸外，还有贡赋、朝贺、军事、民族迁徙、文化交流等诸多功能。它既有向外开放的作用，也有向内维系多元一体的民族关系的作用。

茶马古道

茶马古道是西南丝绸之路的主线，是中国西南民族经济文化交流的走廊，也是重要的民间国际商贸通道。2012 年，茶马古道被国务院公布为“第七批国家文物保护单位”，云南、贵州、四川多处茶马古道遗迹入选，茶马古道正式成为一项大型文化遗产。

茶马古道起源于唐宋时期的茶马互市。唐代中期以后，藏区的居民逐渐形成了日常饮茶的习惯，但是，藏区并不产茶，需要通过跨境贸易从四川、云南等茶产地输入茶叶。在内地，民间役使和军队征战都需要大量的骡马，而藏区和川、滇边地则盛产良马。于是，具有互补性的茶和马的交易即“茶马互市”便应运而生。这样，藏区和川、滇边地出产的骡马、毛皮、药材等和川滇及内地出产的茶叶、布匹、盐和日用器皿等，在横断山区的高山深谷间南来北往，流动不息，并随着社会经济的发展而日趋繁荣，茶马古道由此形成。

知识链接

茶马互市是中国西部历史上汉藏民族间一种传统的将以茶易马或以马换茶作为中心内容的贸易往来，也是古代中原地区与西北少数民族地区商业贸易的主要形式。茶马互市起始于唐朝，在宋朝时得到很大发展，兴盛一时，清朝末年退出历史舞台。

历史上的茶马古道并不是只有一条路线，而是一个庞大的交通网络。它是以川藏道、滇藏道与青藏道（甘青道）三条大道为主线，辅以众多的支线、附线构成的道路系统，地跨川、滇、青、藏，向外延伸至东南亚、南亚、西亚和中亚，远达欧洲。它绵延于巍峨壮丽的横断山脉，盘旋在高山峡谷之中，随着岁月的流逝、风雨的侵蚀，许多古道已消失殆尽，如今保存较为完好的地段有丽江古城的拉市海、大理州剑川县的沙溪古镇、祥云县的云南驿、普洱市的那柯里。

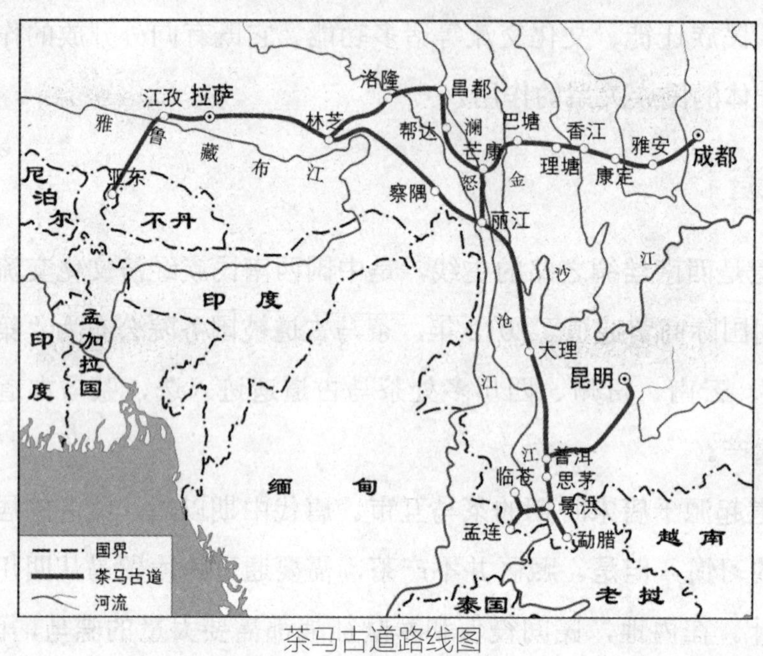

茶马古道路线图

当今伴随着现代文明的冲击以及交通业的发展，茶马古道逐渐退出历史舞台，消失在茫茫的历史尘埃中，但它的历史作用与价值依然熠熠生辉。

茶马古道是一条政治、经济纽带，它促进了西藏与祖国的统一，维系了藏族和汉族人民唇齿相依、不可分离的亲密关系。伴随着茶马贸易的发展，不仅大量内地的工农业产品被传入藏区，丰富了藏区的物质生活，而且内地的先进工艺、科技和能工巧匠也由此进入藏区，推动了藏区经济的发展。例如因茶叶运输的需要，内地的制革技术传入藏区，使藏区的皮革加工工业发展起来；又如因商贸的发展，内地的淘金、种菜、建筑、金银加工等技术和技工大量经由此道输入，推动了藏区农作技术、采金技术和手工业的发展。同时，通过茶马古道，藏区的各种土特产运输到了内地，使藏区和内地形成了一种持久的互补互利的经济关系。这种互补关系使藏、汉民族形成了在经济上相辅相成，互相离不开的格局。由此进一步推动了藏、汉民族的团结和藏区与祖国的统一。在历史上，宋朝、明朝

尽管未在藏区驻扎一兵一卒，但始终与藏区保持不可分割的关系，令藏区各部归服，心向统一，这与茶马古道的纽带作用是分不开的。

茶马古道博物馆

茶马古道也是一条民族文化交流融通之路。茶马贸易的兴起使大量藏区商旅、贡使有机会深入祖国内地；同时，也使大量的汉、回、蒙、纳西等民族商人、工匠、戍军进入藏区。在长期的交往中，增进了对彼此不同文化的了解和亲和感，形成了兼容并存，相互融合的新文化格局。在茶马古道上的许多城镇中，藏族与汉、回等外来民族亲密和睦，藏文化与汉文化、伊斯兰文化、纳西文化等不同文化并行不悖，而且在某些方面互相吸收，出现复合、交融的情况。例如在康定、巴塘、甘孜、松潘、昌都等地，既有金碧辉煌的喇嘛寺，也有关帝庙、川主宫、土地祠等汉文化的建筑，有的地方还有清真寺、道观。各地来的商人还在城里建立起秦晋会馆、湖广会馆、川北会馆等组织，将川剧、秦腔、京剧等戏剧传入藏区。出现了不同民族的节日被共同欢庆，不同的民族饮食被相互吸纳，不同的民族习俗被彼此尊重的文化和谐。文化的和谐又促进了血缘的亲合，汉藏联姻的家庭在这里大量产生。民族团结之花盛开在茶马古道之上。

马帮

如果说西北丝绸之路是由沙漠之舟——骆驼开拓的，那么西南丝绸之路则是由山地之舟——马帮开通的。马是西南与内地贸易的重要物资，也是石道上最为常见的、效力最大的运载工具。在崎岖狭窄的山路上，常年可见马帮的身影。马帮可以说是云南历史上一种独特的地方文化。历史上云南以产马著称，考古学家从170 万年前云南元谋人时期的哺乳动物的化石中，就发现了马的化石。汉唐时期，云南有著名的“越赕（dǎn）马”，宋代的“大理马”更是驰名于世。而马帮的发展又与西南丝绸之路的兴盛紧密联系在一起，马帮为西南地区的对外交通和贸易提供了便利，西南丝绸之路的发展也促进了马帮运输业的扩大与发展。

西南丝绸之路上的马帮（塑像）

马帮形成初期，各家各户只是将自己的马匹用于短途驮运。随着对外贸易的发展，需要进行长途运输的货物逐渐增多，再加上复杂的道路情况，单人匹马已经无力承担全部的运输业务，于是便数人相约合伙同行，共运一批货物，从而形成了最初的马帮。进入清代，以茶、盐等云南特产为主的外运货物总量大增，马帮运输业进入鼎盛时期，西南丝绸之路也得到了长足发展。

马帮商团

从清末到民国初年，云南官办驿运衰落，而随着商品经济的发展，各地间的商品运输流通需求大大增长，民营的商团化马帮便迅速发展起来。专门从事大宗货物长途运输的马帮，其骡马往往有数百匹，有的甚至多达数千匹。在云南和西藏之间，就有大量这样的马帮商团在来往运作。这些马帮商团一般都配有枪支，一个马帮商团足以打退一小股土匪。

在大西南地区，山高水深，道路皆位于崇山峻岭中。行路条件十分艰险，马帮每次踏上征程，都将经历一次生与死的考验。因为夏天天气炎热，瘟疫等疾病流行，人和马都非常容易生病。所以，马帮通常要在每年5月即雨季到来之前通过云南西南地区，接着要通过云南西北地区进入西藏地区。一路下来，不但要承受夏天的炎热之苦，而且在冬天经常遇到风雪天气，行走艰难。即使在天气好的情况下，马驮着货物也是步履维艰，因为有的通道十分狭窄，左边是绝壁，右边是深渊，经常会出现人亡马死的事故。

西南丝绸之路上的马帮

随着现代公路的开辟、畅达，那条供马帮行走的千年古道已然沉寂了差不多半个世纪。然而千百年来，无数的马帮在西南丝绸之路上默默行走着，悠长的马铃声，串起了山谷、平原和村寨，也串起了不同的民族和文化。如今，石板路上历历在目的马蹄印，跨越江河的铁索吊桥都在诉说着马帮和西南丝绸之路的传奇。沿线旅游景点、博物馆、茶叶交易新市场等仍在以茶马文化为内核，传承着西南丝绸之路文化。相信随着“一带一路”战略的实施，西南丝绸之路必将迎来它的振兴。

1. 请简要画出西南丝绸之路的路线图。
2. 马帮是西南丝绸之路上的一道亮丽风景。请你说说马帮兴起的原因有哪些。

第二课 海上丝绸之路

陆上丝绸之路一直以来是我国对外交流的主要通道，而在唐代以后，海上丝绸之路日益兴盛，并逐渐取代了陆上丝绸之路的地位。海上丝绸之路是我国先民在长期的海洋探索中开辟出的中西贸易通道和友谊纽带，它形成于秦汉，发展于三国至隋朝，繁荣于唐宋，转变于明清，在历史发展的长河中，几经兴衰，闪烁着耀眼夺目的光芒。

海上丝绸之路的开辟和发展历程

中国，既是一个地域辽阔的大陆国家，也有着悠久的海洋文明，勤劳的先民们早在 7 000 多年前就建造木舟，开始了对海洋进行探索。先民们在与海洋接触的过程中，逐渐探索出了一条与海外各国进行贸易与交流的路线。

秦始皇统一六国之后，又平定了岭南地区，设置了南海郡、桂林郡和象郡以加强对岭南的管理。秦朝灭亡时，南海郡尉赵佗起兵兼并桂林郡和象郡，建立南越国。南越国地处偏远，没有受到北方战乱的影响，又濒临大海，航海技术有了迅速发展，于是与海外开始有贸易往来。此时，新建立的西汉王朝需要和平稳定的环境来休养生息，因此在汉高祖刘邦时期与南越国保持着和平稳定的关系，贸易往来不断。公元前 195 年，汉高祖驾崩，吕后执政，西汉与南越国发生了冲突，征战不断。南越国赵佗为了寻求物资，只能探索通往海外各国的海上路线，这样就逐渐形成了早期的海上丝绸之路。

知识链接

南越国与海上丝绸之路

1983 年，考古发掘出南越王墓。南越王墓是西汉初年南越国第二任南越王赵眜的陵墓。墓中出土了众多来自非洲、中东地区的物品。其中，象牙、玻璃片、熏炉等都与海外贸易有关。墓中出土了一个银盒，其造型与纹饰风格

与波斯帝国时期的金银器类似，是一件舶来品。墓中还出土了不少外国人形象的陶俑。这些都证明：秦汉之际，从南越国到波斯湾的海上丝路可能已经贯通。

两汉时期，南越国已经和印度半岛有了贸易往来，汉武帝平定南越后，接管了南越国与印度半岛的贸易，并开始扩大海上贸易的规模。史书记载，166 年，大秦王安敦派遣使者从海路辗转来到洛阳，进献象牙、犀角等礼物，两国开始互相往来。这是中国与罗马帝国往来的第一次官方记载，自此也就形成了贯穿亚欧非三大洲的海上丝绸之路。

三国时期是丝绸之路从陆地转向海洋的承前启后时期。由于同曹魏、刘蜀在长江上作战与海上交通的需要，孙吴积极发展水军，船舰的设计与制造有了很大进步。在三国之后的其他南方政权（东晋、宋、齐、梁、陈）也一直与北方对峙，都采取措施推动造船、航海技术的发展，加上航海经验的积累，为海上丝绸之路的发展提供了良好条件。这一时期，南海丝路向西方延伸，广州港兴起；东海丝路同朝鲜和日本的航线有了新的发展。航线的延伸使得对外贸易的范围不断扩大，商人不仅去往东南亚地区，足迹还遍布印度、欧洲。使者往来是这一时期的显著特征，有史料记载，225 年，扶南（东南亚的一个古王国）国王派使者出使东吴，由于当时海上技术不发达，使者们一路坎坷，历经四年才到达东吴，向孙权进献了琉璃等礼物。

知识链接

海上丝绸之路的路线

我国古代海上丝绸之路有东海丝路和南海丝路之分，东海丝路是指从山东半岛经渤海到朝鲜半岛，最终到日本的航线；南海丝路则是从中国东南沿海港口出发，经南海，到达东南亚、南亚等地区，再经印度洋、阿拉伯海抵达波斯湾和非洲东海岸的航线。

隋唐时期，海上丝绸之路进一步发展。隋朝在统一全国之后，加强了对南海贸易的管理，南海郡、交趾郡成为当时著名的对外贸易中心。唐朝社会经济得到空前发展，海上交通越发便利。尤其到安史之乱后，陆上丝绸之路阻塞，经济重心南移，海上丝绸之路更加兴盛。海上丝绸之路北通朝鲜半岛、日本列岛，南通东南亚、印度等地区，输出的商品主要是丝绸与陶瓷，输入的商品主要是香料、象牙等。此时，海上丝绸之路也是中外宗教文化交流的重要途径。受日本来唐学问僧的邀请，中国高僧鉴真历经磨难，东渡日本去弘扬佛法，将盛唐时期的建筑艺术、雕塑艺术、医学等传到日本，为促进中日之间的友好交流做出了杰出贡献。

宋朝在前代海上丝绸之路发展的基础上，设立市舶司加强对海外贸易的管理力度，广州、泉州和宁波等贸易港口十分发达，中国与海外经济文化交流不断，中国的丝绸、瓷器、绘画和书籍源源不断地沿着海上丝绸之路传向世界各地。同时，海外的象牙、犀角、香料等也传入中国。

元朝海上丝绸之路达到极盛，意大利旅行家马可·波罗对当时中国海外贸易的盛况赞不绝口。1291 年，他到泉州考察，当地“涨海声中万国商”的繁荣场面给他留下了深刻的印象。他看到泉州来往商船络绎不绝、商人宝物云集的景象，感慨万千，称泉州为东方第一大港。

明朝时，为了抵制番货（外国的货物），明太祖下令罢设太仓黄渡市舶司。接着，泉州、宁波、广州三大市舶司也被撤销。之后，朝廷禁止商人出海经商，并发布了“禁外藩交通令”。一道道严明政令使得民间海外贸易受到严重打击，只有官方海外贸易还能正常维持。尽管郑和七下西洋使得海上丝绸之路依旧散发着迷人的魅力，但是总体而言，明朝海上丝绸之路开始逐渐走向衰落。

明朝灭亡后，中国历史上最后一个封建王朝——大清王朝建立。清朝建立之初，东南沿海的反清势力发展强劲。为了巩固统治，清朝接连颁布禁令，实行海禁，并出兵收复台湾，消灭反清势力。当时的官员请求取消海禁政策，康熙同意了，但前提是不允许与西方国家贸易。到乾隆朝以后，清朝开始全面的闭关锁国，海上丝绸之路这条古老的航线，在列强侵略战争的号角中，容颜苍老，步履蹒跚，终于沉寂于茫茫大海之中了，直到 21 世纪才得以涅槃重生，再现辉煌。

海上丝绸之路的主要港口

自海上丝绸之路开辟以来，在我国东南沿海先后出现了十多个大小港口。这些港口与海上丝绸之路的形成与发展密切相关，它们经过长期的发展演变，至宋元时期，最终形成了广州、泉州、宁波三大贸易枢纽港。这三大港口不仅是海上丝绸之路的主要起讫港，而且在促进东西方经济贸易和文化交流方面也有举足轻重的作用。

广州古称番禺城，位于南海之滨。自秦汉起，广州凭借自身拥有的海上交通中心的优越条件，成为岭南乃至两广地区的地缘中心。在 3 世纪 30 年代，它又发展成海上丝绸之路的主港。唐宋时期广州成为中国第一大港，被誉为世界著名的“东方港市”。宋末至元朝时期，广州的中国第一大港的位置被泉州取代，转而变为中国第二大港。明清两代，由于政府实行海禁政策，中国长时间处于“一口通商”局面，广州成为中国唯一对外开放的贸易大港，这一时期广州的海外贸易与唐宋两代相比获得更大的发展，形成了空前的全球性大循环贸易，并且一直延续到鸦片战争前夕。如果用一句话来概括广州在海上丝绸之路历史上的地位与作用，那就是“历久不衰的海上丝绸之路东方发祥地”。

《广州港全景图》[清]

泉州位于福建南部，东濒浩瀚的东海，北、西、南三面环山。在南朝时，泉州就有与海外友好往来的记录。唐宋时期，泉州成为外贸港。元朝时，元世祖下令重建泉州市舶司，泉州的海外贸易发展进入黄金时期，其贸易路线东至日本，南至南亚、东南亚，西达波斯、阿拉伯、非洲。至此，泉州地位超越广州，与埃及的亚历山大港并称为“世界第一大港”。明成化十年（1474 年），泉州市舶司移设福州，标志着泉州港四百年外贸港地位的终结。

泉州海上丝绸之路艺术公园主题雕塑

宁波古称明州，地处东海之滨，其内河航运四通八达，地方平坦富饶，港市地理条件优越。宁波的海外交通始于东汉晚期。这一时期，舶来品和印度佛教已通过海路传至宁波地区。唐朝时，明州成为中国航运与造船最发达的地区之一，跻身于名港之列。日本遣唐使先后多次在明州登陆来到唐朝。北宋时，朝廷在宁波设置市舶司，宁波成为中国通往日本、高丽的特定港。日本著名学者木宫泰彦在《中日文化交流史》中统计，782 年到 1191 年间，中国大商人李邻德、李延孝、李处人等率商团由明州启程，来往于中国和日本达一百多次，平均三年往返一次。他们带去大量的丝绸、瓷器、经卷、佛像、书籍、药品等，贩回砂金、水银和锡。元朝时，宁波成为中国三大国际贸易港之一，商船往来频繁，海外贸易呈现一片繁荣景象。明朝时，政府实行海禁政策，宁波港衰落，但宁波港仍是中日官方贸易的唯一登陆港。明朝的海禁政策也导致海外贸易被迫转型为走私性质的私商贸易，而宁波双屿港一度是浙江乃至江南最大的私商港。

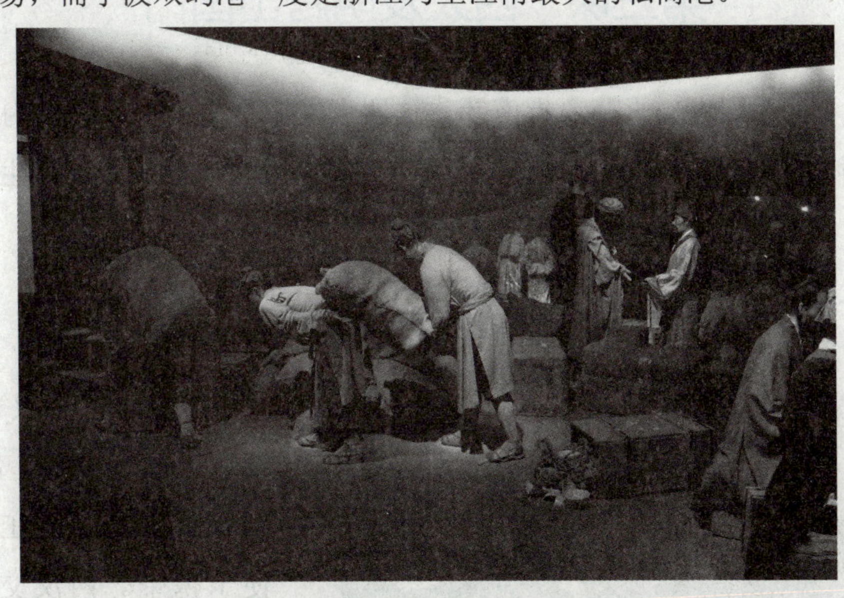

宁波博物馆印象明州港展览（局部）

这三大港口的发展也体现了海上丝绸之路的兴衰历程。尽管海上丝绸之路随着海禁和闭关锁国政策的施行而逐渐走向了衰落，但是海上丝绸之路作为我国古代与世界交流的窗口，对中国乃至世界的发展都影响深远。它促进了中外的经济文化交流，中国的瓷器等物品以及指南针等技术发明经过海上丝绸之路向全世界传播，这是中国对世界文明发展的贡献。同时，海上丝绸之路也使海外农作物和天文、地理、医学等知识传入中国，促进了中国的发展。总之，海上丝绸之路拉近了中国同海外各国的距离，加深了彼此之间的了解，促进了相互之间的文化交流。

1. 请你简述海上丝绸之路的发展历程。

2. 海上丝绸之路主要有几条路线？其大概路线分别是怎样的？

3. 查找相关资料，说说海上丝绸之路的三大主要港口兴起的条件有哪些。

第三课　四大发明跨出国门

造纸术、印刷术、火药、指南针，这四大发明是中国古代引以为傲的科技成就，它们通过丝绸之路跨出国门，传遍世界，对世界文明的发展产生了巨大的影响。

造纸术

造纸流程（局部）

105 年，东汉宦官蔡伦改进了造纸方法，制作出的纸张价格低廉、工艺简单、便于携带。两汉交替之际，大批中国百姓来到朝鲜半岛避乱，把造纸术传到了朝鲜半岛。20 世纪 60 年代，在朝鲜半岛的一处古墓中发现带有“西汉永始三年”（公元前 14 年）字样的纸张，这成为有确切年代可考的中国造纸术外传的最早明证。三国至唐朝时期，朝鲜半岛的新罗、百济等国一直充当中国文化向日本传播的桥梁，使造纸术传播到了日本。在这前后，中国的造纸技术也先后传到了越南、柬埔寨等地。751 年，阿拔斯王朝（阿拉伯帝国的第二个世袭王朝）军队在中亚怛罗斯战役中击败唐朝将领高仙芝率领的军队，俘虏了大量士兵，其中有造纸的工匠。就这样，中国造纸术由这些造纸工匠传到了阿拉伯地区，后来又通过丝绸之路从阿拉伯地区传到了欧洲、非洲等地。

从怛罗斯战役后造纸术首次西传算起，到造纸术在西方普及，整整用了 1 100 年。

知识链接

怛罗斯战役

公元 6—8 世纪，欧亚大陆上有三个大帝国正处于兴盛期。除去固守东南欧和东欧的拜占庭帝国，另外两个便是大唐帝国和阿拉伯帝国。751 年，为了争夺中亚的控制权，大唐将领高仙芝率领安西都护府的精锐部队与来自阿拉伯帝国的穆斯林及中亚小国联军在中亚地区发生战争。最终，唐军战败，阿拉伯联军获得胜利。

造纸术传到西方以前，古埃及和古罗马都是用莎草纸记事，西亚和南亚的国家用木板或泥板作为书写材料，欧洲国家则用羊皮进行文字记录。这些书写材料，要么书写不便，要么非常笨重，要么十分昂贵，都无法广泛使用。造纸术传入以后，各国都建成了造纸厂，大批量生产轻便适用、价格低廉、易于保存的纸，极大地推动了各国政治、经济、文化、教育等方面的发展，也为中西文化全面交流铺平了道路。

印刷术

中国的印刷术也是沿着丝绸之路逐渐西传的。中国最早出现的印刷技术是雕版印刷术，它由唐朝人发明，并在唐朝中后期被普遍使用。当时，唐朝通过雕版印刷术大量印制佛经等，引起了来华的使臣、宗教人士以及商人的注意，雕版印刷术随之西传。

知识链接

雕版印刷是在一定厚度的平滑的木板上，粘贴上抄写工整的书稿，薄而近乎透明的稿纸正面和木板相贴，字就成了反体，笔画清晰可辨。雕刻工人用刻刀把版面没有字迹的部分削去，就成了表面凸起的字体。印刷的时候，在凸起的字体上涂上墨汁，然后把纸覆在它的上面，轻轻拂拭纸背，字迹就留在纸上了。

金刚经（雕版印刷作品）

活字印刷术发明者毕昇

646 年，日本开始大化改新，向唐朝派遣使者和留学生学习中国的儒家文化和先进技术，雕版印刷术就在这时传到了日本。日本僧人宗睿入唐学习多年，865 年他启程回国，除带回佛经外，还有印本《唐韵》《玉篇》等书籍 700 多卷。这些都对日本文化产生了很大的影响。

983 年，立国不久的北宋王朝将佛经《开宝藏》赠送给高丽，中国的刻字工匠随之进入朝鲜半岛。之后，高丽又派人到中国专门学习雕版印刷术，培养了朝鲜第一批印刷工匠。14 世纪，朝鲜人从沈括的《梦溪笔谈》中，掌握了毕昇发明的活字印刷术。

活字印刷的方法是先制成单个的反体文字字模，然后按照稿件把单字挑选出来，排列在字盘内，涂墨印刷，印完后再将字模拆出，留待下次排印时再次使用。活字印刷克服了雕版印刷存在的刻版费时费工费料、大批书版存放不便、有错字不容易更正等缺点，是印刷史上一次伟大的技术革命。

印刷术传入日本、朝鲜之后，又陆续向其他邻国传播，在东南亚各国，较早接受中国印刷术的是菲律宾、越南，之后又传播到泰国、马来西亚等其他国家。

13世纪，由于蒙古人在其征服地区广泛使用印刷的纸钞，活字印刷术便顺着丝绸之路西传到中亚、西亚、北非一带。14世纪，欧洲人开始使用雕版印刷。欧洲现存最早的有确切日期的雕版印刷品，是德国南部的《圣克利斯托菲尔》画像（1423年），晚于我国约600年。15世纪，欧洲人掌握了活字印刷术。15世纪中期，德国人谷登堡仿照中国活字印刷术的原理，发明了金属活字，因为西文字母较少，前期投入少，所以很快就被推广开来。

印刷术在世界各国广泛传播，对当地的文化发展及人们的生活都产生了巨大的影响。书籍的大量印刷和出版，推动了文化与知识的传播，打破了教会长期垄断教育的局面，改变了原来只有僧侣才能读书和接受较高教育的状况，促进了欧洲科学的发展以及欧洲的宗教改革和文艺复兴运动的开展。

火药

火药，现代常称黑色火药或褐色火药，古代火药的主要成分是硝石（硝酸钾）、硫黄和炭（木炭）。火药的发明是我国古代炼丹家们长期炼丹制药实践的结果。炼丹家大多都是医药家，硝石和硫黄在我国医书中是可以治病的药物，所以人们把它们和木炭的混合物称作“火药”，意思就是会着火的药物。唐朝末年，火药已被用于军事。在当时的历史著作之中，有在战争中使用火药箭，或用抛石机投掷火药包，发射燃烧性兵器的记载。到了两宋时期，火药武器发展很快，已成为军队里的重要装备。

13世纪，成吉思汗率军西征时，蒙古军队就使用了威力强大的火药兵器。1260年，元世祖忽必烈的军队在与叙利亚军队的作战中被击溃，阿拉伯人缴获了火箭、火炮、震天雷等火药武器（阿拉伯人称之为“契丹火枪”“契丹火箭”），从而掌握了制造火药、使

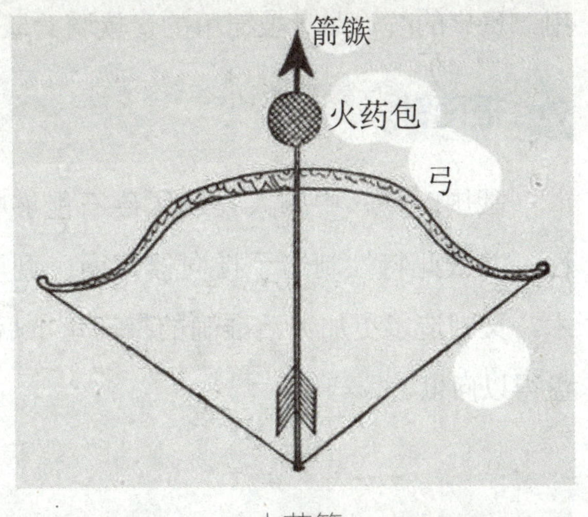

火药箭

用火器的方法。在火药和火器的传播中，欧洲人最先是从阿拉伯人那里获得相关知识的。13 世纪下半叶，欧洲出现《制敌燃烧火攻书》，这本书记载着火药和火器的制作方法。但是欧洲人直到 14 世纪初，才在与阿拉伯国家的战争中逐步学会制造火药和使用火器的方法。1326 年，意大利佛罗伦萨制造出铁炮和铁炮弹，这是欧洲首批制造的金属管形火器。到 14 世纪中叶，法国、英国、德国等都学会了制造火药和使用火药武器，火药与火药武器开始遍及欧洲。从此，无论是东方还是西方，火器时代来临了，战争开始由以冷兵器为主转向了以热兵器为主。

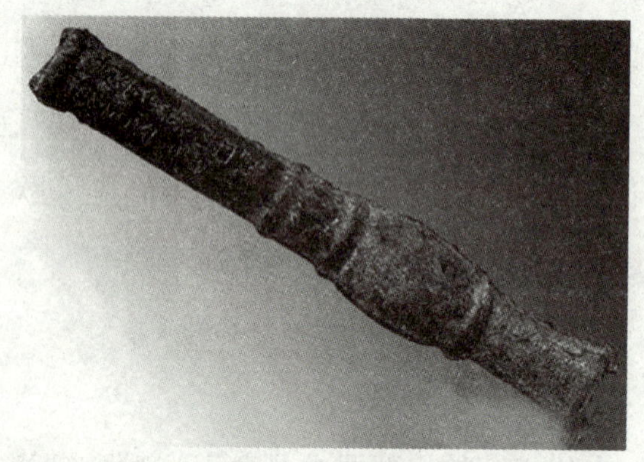

元代铜火铳

清朝红夷大炮

火药和火药武器传入欧洲，“不仅对作战方法本身，而且对统治和奴役的政治关系起了变革的作用”（恩格斯），成为欧洲市民反封建斗争的利器，从此，“以前一直攻不破的贵族城堡的石墙抵不住市民的大炮；市民的枪弹射穿了骑士的盔甲，贵族的统治跟身披铠甲的贵族骑兵队同归于尽了”（恩格斯）。

指南针

战国时期，中国人发现了磁石能够吸铁的特性，同时还发现了磁石的指向性，并依此特性制造了指向器司南。到了宋代，人们掌握了制造人工磁体的技术，又制造了更加灵活准确的指南鱼。后来经过不断改进，新一代指南针——罗盘得以问世。

知识链接

司南是中国古代人们用来辨别方向的一种仪器，是劳动人民在长期的实践中对物体磁性认识总结的结果，是现在所用指南针的始祖。据记载，司南最早出现于战国时期的河北磁山一带。司南的外观像一只勺，底圆，可以放在平滑的“地盘”上自由旋转，等它静止的时候，它的勺柄会指向南方。

中国早期使用的指南针一般是“水罗盘”形式，指南的磁针有的悬浮在水上，有的悬挂在丝缕上，方式比较简单。随后又出现了带有天干地支刻度、指示方位更加明确的罗盘。北宋时期，指南针开始用于较大规模的航海。到了南宋时期，随着大规模航海的出现，指南针成为航海的必备仪器。

在指南针发明以前，在大海里航行是非常困难的。白天只能依靠太阳的位置来辨别航向，晚上只能通过观星的方法来推算大概方位。若碰上阴雨天气，航行就变得很困难了。而指南针的发明有效地解决了这一问题，从此海员们再也不怕迷失方向了，航行的安全性也大大提高了。

在宋代，中国与阿拉伯国家的海上贸易十分频繁，中国开往阿拉伯地区的大型船队都装备有罗盘，于是阿拉伯人从中国商船上学到了罗盘的用法。1281 年阿拉伯出版的《商业宝鉴》中，就清楚地讲到了罗盘的制作和使用。后来，阿拉伯人将罗盘传到了地中海地区。在欧洲，首先使用罗盘的是意大利商船。但是一直到 14 世纪末，欧洲商船使用的罗盘的准确度都不如中国商船的高。欧洲人掌握了罗盘的技术后，对罗盘加以改进，将其装入有玻璃罩的容器中，使之成为便于携带的指南仪器，后来这种改进后的罗盘经日本又传回中国。由此看来，一种技术输出，改进后再输回来，体现了丝路文化交流的可逆性特征。

与造纸术和印刷术的传播不同的是，指南针传到欧洲的时间要比传到朝鲜和日本的时间早得多。由于宋朝与辽、金战争不断，影响到了朝鲜与中国的朝贡贸易，所以直到 15 世纪前后，罗盘才作为看风水的工具，在朝鲜广泛使用。而日本当时实行闭关锁国政策，所以直到 17 世纪指南针才传入日本。

指南针

指南针传入西方以后，极大地促进了西方航海事业的发展。15 世纪末到 16 世纪初，欧洲各国航海家陆续开辟了多条新航路，开启了大航海时代。哥伦布发现美洲大陆，麦哲伦完成环绕地球的航行，他们用来辨别方向的法宝就是指南针。指南针的发明与传播促进了航海事业的发展，航海事业的发展进而大大加速了世界经济发展的进程，为资本主义的发展提供了条件。

1. 请你举例说明，造纸术、印刷术、火药和指南针的发明给我们的生活提供了哪些便利?

2. 四大发明传入欧洲后，对欧洲产生了怎样的影响?

第四课　名扬海外的丝绸

中国是丝绸的故乡。据考古学家推测，早在距今五六千年前的新石器时代中期，中国人民就已经掌握了栽桑、养蚕和利用蚕丝的某些原始生产手段。从张骞凿空西域开始，中国的丝绸不断运往国外，成为古代中国非常重要的出口商品，以丝绸贸易为主的交通路线因此被称为“丝绸之路”。从此，从中国北方一直延伸到古罗马帝国的丝绸之路上的贸易繁荣起来了，中国也成为古希腊人和古罗马人口中的“丝国”。

采桑图

丝绸贸易

汉朝时，在广大的汉族居住区，丝绸贸易兴盛，而且汉朝与周边各部族之间的贸易极为发达。汉朝与北边的匈奴、鲜卑、乌桓等族及西南各族在设关之处互市，输出商品主要为丝织品，输入商品则为各族的土特产。与此同时，通过丝绸之路，汉朝大量的丝织品源源不断地运往国外，进入了国外贸易市场。汉朝统治者还将丝绸赏赐给群臣和北方的少数民族首领，而且用以赏赐的丝绸的数量是十分可观的。而当时的丝绸是非常昂贵的，这些人接受赏赐后，如果自己消费不完这些丝绸，就会把一部分转手卖给商人，商人又转卖到世界各地，这在一定程度上促进了丝绸的生产与外传。

在魏晋南北朝时期，战争连绵不绝，国家长期分裂，政权频繁更替，导致丝织业发展艰难。但是由于各政权统治者多实行保护丝绸贸易的政策，所以这一时期丝绸之路大开，中外商人不绝于途，丝绸贸易繁荣一时。北朝时，中原丝绸经西域运往国外的数量极大；北齐时，朝廷一年赐给突厥的丝绵达十万匹。518 年，北魏崇立寺僧人惠生奉皇太后之命去西域，带去数以万计的织锦、绣香袋等。

隋唐时期是中国封建社会发展的高峰，也是丝绸生产的鼎盛时期，丝绸无论产量、质量和品种都达到了前所未有的水平。同时，丝绸的对外贸易也得到巨大的发展，贸易的频繁程度空前高涨。在吐鲁番出土的文书中，就有西乡人龙惠奴在 661 年借本经营丝绸交易的契约，以及各销售点、绢价等记载，其中一次发往龟兹的贸易量，就达绢 275 匹。在成交数量上，可以看出市场销售非常兴旺。唐时还在少数民族边贸地区，开设“绢马市”，一岁一市，或一岁二市，以绢易马，年用绢帛数量达 50 万匹。每匹马约可换绢 40 匹，每头牛可换绢 2～3 匹。这类互市贸易，对政治、经济和社会生活都产生了很大影响。

宋朝的官营丝绸生产作坊有相当规模。政府设置了绫锦院、染院、文思院和文绣院。东京（今河南开封）的绫锦院，宋真宗年间有织机 400 多张，润州（今江苏镇江）年产丝绸十万匹以上，新兴丝织业中心城市婺州（今浙江金华），号称“衣被天下”。丝绸生产的巨大发展促进了丝绸贸易的繁荣，中国的丝绸通过海上丝绸之路输往世界各地。

知识链接

北宋的丝织业，占主导地位的是官方。官方有相对完备的机构，文思院、绫锦院、染院、文绣院等。这些官营的织造机构规模大，集中了丝织精品的生产。而民间的丝织业则遍布各地，机坊和机户普遍存在于城市中。民间作坊不仅数量众多，而且技艺精湛，既承接官府的织造任务，也自产自销。官营作坊与民间作坊共同努力，创造了宋朝丝织业的辉煌。

明清两代，由于资本主义的萌芽与发展，丝绸的生产与贸易也发生了较大的变化：丝绸生产的商品化趋势日渐明显，海外丝绸贸易发展迅速。据记载，明朝时，有船队一次就运了 26 万余斤丝货到达日本长崎港。清朝推行闭关锁国政策，设立十三行，实行一口通商，对经营业务进行垄断。但是一直到清末，中国的丝绸出口始终不衰，每年的丝绸出口数量仍然巨大。据统计，1717 年出口 1 009.7 吨，1731 年出口 803.1 吨，其中以丝织品为主，生丝次之。

清朝丝绸工坊

蚕织技术外传

丝绸作为中国传统的出口产品而蜚声全世界。随着中国丝绸不断地输往世界各地，其生产经验和技术也随之传播四方。在玄奘的《大唐西域记》中就记载着一个蚕织技术西传的有趣的故事。

他记录的故事是这样的：

古时候（唐人所说的古时候），新疆和田一带有一个国家叫瞿萨旦那国（于阗国）。过去这里的人们是不会种桑养蚕的，后来他们听说东国（东边的一个国家）善于种桑养蚕，就多次派遣使者前去求蚕种、桑种。东国国王坚决不给，而且还下令边关严禁蚕种、桑种出口。事情不好办了，但这个瞿萨旦那国国王想了一个好主意，采用求亲的办法，来麻痹东国国王的戒备之心。于是他派人带着重礼向东国国王提亲，请求国王将东国公主嫁给他。这时，东国国王也在考虑向西边扩张势力，于是就答应了求婚一事。迎娶公主时，瞿萨旦那国国王让迎亲的使臣告诉公主，他们那里没有丝绸，如果公主要用丝绸做衣服的话可以把蚕种和桑种带去，以便将来为她做丝质衣服。于是，公主秘密弄了一些蚕种和桑种，藏在自己的帽子里面。到了边关，所有车辆都被仔细地检查过了，唯独公主的帽子无人敢查。这样，东国的蚕桑就传到了西域一带。

这个故事从一个侧面说明，中国的丝绸很受欢迎，各国都想掌握中国的种桑、养蚕、织绸技术。中国蚕桑技术的东传发生于公元前 12 世纪。据历史记载，早在公元前 1112 年，周武王就派遣箕子到朝鲜传授蚕织技术。箕子从山东半岛的渤海湾海港出发，走水路抵达朝鲜，把中国的种桑、养蚕、织绸技术传到了朝鲜。

通过朝鲜，蚕织技术又间接传到了日本。据记载，在公元前 3 世纪，江浙一带的吴地有兄弟二人东渡黄海至日本，向日本人民传授蚕织和缝制吴服的技艺。唐朝高僧鉴真东渡日本后，也带去了绣师和织绣技术。而日本也多次派遣使臣前往中国学习蚕织技术，并聘请技工赴日授艺。随着中国丝绸和蚕织技术直接和间接的传入，日本渐渐掌握了这一技术，其丝织业有了很大发展，出现了本国的丝织名产——缣锦等。

《蚕织图卷》片段

随后，中国养蚕织绸的技术逐渐传入印度、印度尼西亚、缅甸、老挝等国。印度尼西亚史学家陶威斯·德克尔在《印度尼西亚历史纲要》一书中写道："的确，我们的祖先是向中国学习用蚕丝织绸的方法，不久，我们自己就会织绸了。"这句话基本概括了中国蚕织技术传入南亚和东南亚地区的概貌。

蚕种和养蚕织绸方法的西传，则是先传到西域，进而通过丝绸之路传到阿拉伯和欧洲等地。

五六世纪，蚕织技术传入西域，高昌、龟兹、于阗、疏勒等国都有了自己的蚕桑丝织业。6 世纪中期，拜占庭帝国皇帝查士丁尼派熟悉东方情况的两个景教僧徒来到中国。这二人把蚕种藏在竹杖中偷运回拜占庭，以后拜占庭的丝绸生产技术才得到发展。

而我国蚕织生产技术真正传入欧洲是在10—11世纪，最先传入的地区是西班牙。到10世纪，丝织业传入西西里岛及意大利南部，并逐步向北部发展，至意大利统一后推向全境。12—13世纪，西班牙和意大利的那不勒斯、热那亚、威尼斯等地，丝织业开始盛行。但是，在宋代我国丝绸生产在世界上仍然保持着优势地位。

1495年以后，法国里昂等国外丝绸生产基地迅速崛起，西方国家的丝织业有了很大发展。在1760年以后，西欧各国和美国的丝织业日益兴盛，丝绸生产技术也有发展，织造机械性能逐步提高。在1725—1799年间，法国已经制成龙头提花丝织机，而此时的我国相形见绌。此后，我国称雄世界的丝绸贸易开始出现衰退。

知识链接

提花机是一种纺织工具。一般的织机只能织出平纹的织物，带有复杂花纹的织物只有提花机才能织出。从河南安阳殷墟墓葬铜器上保留的丝织物痕迹来看，不仅有平纹组织的绢，还有提花的菱纹绮。这说明，我国早在商代就出现了提花机。

受欢迎的奢侈品

在丝绸还未传入西方国家之前，西方人大都穿着羊皮、麻布等制作的厚重的衣物。丝绸传入后，因其质地轻盈柔软、外观精致华美、颜色绚丽多彩，很快得到了西方人的喜爱。当时，无论是贵族还是普通民众，都以穿着丝质衣服为荣。但是，因为中国丝绸制作精细、质量上乘，再加上运输艰难，故而价格昂贵，普通民众根本买不起，所以它只是供上层社会享用的奢侈品。

欧洲人第一次见到中国丝绸是在公元前53年。当时古罗马执政官克拉苏率军东征，势不可当，很快抵达两河流域，准备对节节败退的安息军发动新一轮猛攻。这时，安息帝国的士兵突然展开无数面光彩夺目的军旗，罗马军队军心大

中国丝绸风靡欧洲

扰，迅速溃败。这次战役就是著名的卡莱战役，这些光彩夺目的军旗就是给罗马人留下深刻印象的丝绸军旗。

几年后，中国丝绸终于通过商人之手传入罗马宫廷。罗马共和国执政官恺撒命人用丝绸做了一件得体的长袍。有一天，吃过晚饭后，他穿着这件丝绸长袍，像往常一样来到剧院看戏。出人意料的是，观众们都无心观看舞台上的精彩表演，而是对恺撒身上那件绚丽耀眼的长袍赞叹不已。很快，丝绸成为身份和地位的象征，在欧洲上层社会流行起来。

欧洲的贵妇们不仅用中国丝绸制作服装，甚至连鞋面也用丝绸，并且以中国刺绣图案装饰。宫殿的床罩、帷幔、窗帘等都采用丝绸和刺绣织物。在法国有资料记载："来自南京的丝绸是最精致最华丽的。虽然这些丝绸与我们自己的产品类似，但其织造技术总有些地方是超过我们的，如丝绒、金丝薄纱、缎子和其他产品等。"

身穿丝绸衣服的欧洲贵族

903年，阿拉伯地理学家伊本·法基在《地理志》一书中也指出：“中国丝绸是备受阿拉伯人欢迎的名牌货。”在拉丁美洲，殖民新贵们为了能用中国丝绸把自己打扮得靓丽出众，毫不吝惜金钱。1602年，一个在秘鲁的殖民地官员向西班牙国王上书说：“许多人都过着非常奢侈的生活。他们都用品质最上等、最奢华的丝织品来做衣服穿。妇女们穿着的华丽服装，是这样繁多而毫无节制，实在是世界上其他国家所看不到的。”信中描述的丝织品原料均来自中国。当时从智利到巴拿马，大到披风斗篷，小到长筒丝袜，都使用中国的丝绸缝制，或者由中国生丝加工制作。

以上这些都说明，中国丝绸在世界各地的受欢迎程度之高，也从侧面说明中国劳动人民丝绸织造技艺的高超。

1. 中国为什么被称为“丝国”？

2. 中国的蚕织技术最先传入的是哪个国家？由谁传入的？

3. 想一想，中国丝绸在全世界如此受欢迎的原因是什么？

第五课　享誉世界的瓷器

中国通过丝绸之路输往世界各地的商品中，数量和影响能与丝绸相匹敌的则非瓷器莫属了。因为瓷器的性质不同于丝绸，瓷器坚硬易碎，不宜陆路运输，所以海上丝绸之路成为瓷器输出的主要路线，而海上丝绸之路也因以瓷器贸易为主而被称为“瓷器之路”。进入中世纪后，伴随着中国瓷器的外销，中国开始以“瓷国”享誉于世。

瓷器的发展概况

在 8 000 年前的新石器时代，中国的先民已经开始制造和使用陶器。商代中期，在制陶工艺发展的基础上，中国人创造出了原始瓷器。秦汉两代，政治、经济、文化空前繁荣，瓷器生产有了很大发展，形成了完整的工艺体系。到了东汉晚期，已经能够烧制出成熟的青瓷了。

知识链接

陶器与瓷器

陶器并不是瓷器。陶器是用黏土或陶土经捏制成形后烧制而成的器具，其烧成温度较低，一般在 700—1 000℃。而瓷器则是用瓷石、高岭土等经过高温烧制后瓷化而成的器具，其烧成温度在 1 100℃以上。陶器是人类社会由旧石器时代发展到新石器时代的标志之一，它属于全人类。而瓷器则为中国人首创，被打上了鲜明的中国烙印。

陶器

瓷器

魏晋南北朝时期，制瓷技术更加成熟，瓷器的用途也更加广泛，涉及酒器、餐具和卫生用具等各个方面，社会上对瓷器的需求量也进一步增加。北齐时期还出现了白瓷的烧制。

隋唐时期，瓷器由青瓷发展到了白瓷阶段，青瓷、白瓷两大瓷系形成，为以后彩瓷的出现创造了物质和技术条件。同时，瓷器的花纹样式有了许多创新，瓷器的质量和数量也有了很大的提高，其发展速度超过了丝绸。由于海上丝绸之路的繁荣，瓷器出口通道被打开。因此，这一时期，生产的瓷器在满足国内市场需要的基础上，还远销到国外，并且在外销的货物中瓷器所占比例不断上升。

到了宋朝，制瓷业更是空前发展，出现了官窑（河南开封）、钧窑（河南禹州）、汝窑（河南汝州）、定窑（河北曲阳）、哥窑（浙江龙泉）五大名窑。五大名窑生产的瓷器精美，数量、品种和质量都大大超过前代，瓷器胎质、釉色、花纹、样式等各有特色，大放异彩。瓷器的烧制在宋代进入了新纪元。

元代时，瓷都景德镇出产的青花瓷已成为瓷器的代表。青花瓷釉质透明如水，胎体质薄轻巧，洁白的瓷体上敷以蓝色纹饰，素雅清新，充满生机。青花瓷一经出现便风靡全国，成为景德镇的传统名瓷之冠。

景德镇窑青花瓷

景德镇

景德镇素有“瓷都”之称。该地瓷器造型优美、品种繁多、装饰丰富、风格独特，以“白如玉，明如镜，薄如纸，声如磬”著称。青花瓷、玲珑瓷、粉彩瓷、色釉瓷合称景德镇四大传统名瓷。日本著名陶瓷考古学家三上次男曾率学者在东南亚、非洲考察了中国古代陶瓷输出亚非各国的大量碎片，著有《陶瓷之路》一书，书中称：“海上丝绸之路为陶瓷之路，也是古代景德镇陶瓷的国际贸易之路。”

明清时期，从制坯、装饰、施釉到烧成，技术上超过前代，是中国瓷器生产最鼎盛的时期，瓷器生产的数量和质量也都达到了顶峰。明朝成化年间烧制出的“斗彩”，嘉靖、万历年间烧制成的五彩，都是罕见的珍品；清代康熙时的素三彩、五彩，雍正、乾隆时的粉彩、珐琅彩也都是闻名中外的精品。

雍正斗彩花卉纹盘

乾隆珐琅彩描金开光花卉婴戏图双龙耳赏瓶

瓷器的外销与制瓷技术的外传

瓷器发明以后，约在8世纪即唐朝时开始向外大量输出，到宋初时达到了一个高潮。唐宋时期输出的瓷器品种丰富，主要有白瓷、青瓷、彩绘瓷等。输出的路线主要是海上丝绸之路，即通过东海丝路输往朝鲜与日本；通过南海丝路输往东南亚的泰国、菲律宾、新加坡、马来西亚、印度尼西亚，南亚的斯里兰卡、印度、巴基斯坦，西亚的伊朗、伊拉克、沙特阿拉伯，北非的埃及，东非的肯尼亚和坦桑尼亚等。

瓷器种类

中国瓷器的分类按照不同的角度可以分为不同的类型。从收藏角度来说，瓷器总体上分为两大类：单色釉瓷和彩绘瓷。单色釉瓷包括青瓷、黑瓷、白瓷、青白瓷四种。彩绘瓷包括青花瓷、两彩瓷、三彩瓷、五彩瓷、斗彩瓷、粉彩瓷、古铜彩瓷、金彩瓷等。

唐宋时期，阿拉伯帝国控制着陆上丝路和海上丝路，阿拉伯人成为丝绸之路

上的主要商人，瓷器贸易也主要操纵在阿拉伯人手里。他们开始大量购买、使用并收藏中国瓷器。阿拉伯人从中国运出的瓷器除供应其本国外，有很大一部分是转销其他国家。在欧洲地区，则由意大利人等在中东地区与欧洲之间进行中间贸易，在一段时间内，地中海沿岸的繁荣一直依赖着这种中间贸易。

宋元至明初，瓷器成为中外贸易的最大宗商品，瓷器贸易达到第二个高潮。这一时期瓷器的品种更加丰富，增加了青花瓷等品种。烧制外销瓷器的除了龙泉窑、景德镇窑等著名的窑场外，还有福建德化窑、广州潮州窑等沿海民窑。这些民窑都以烧制外销瓷为主，民窑所产瓷器大多是生活用品。宋元时外销瓷输往的国家数量较前也大为增加，有东北亚、东南亚的全部国家，南亚和西亚的大部分国家，非洲东海岸各国等。

知识链接

民窑，即民间瓷窑，是相对于朝廷兴办的官窑（御窑）而言的，以商品性瓷器生产为主。生产的瓷器多为满足国内外市场普遍需要的日用瓷和陈设瓷，销售地区极为广泛。比较著名的民窑有磁州窑、崔公窑、周公窑、壶公窑、小南窑等。

明朝至清朝初期，中国瓷器外销进入黄金时期。在这一时期，西班牙、葡萄牙开辟了新航路，开启了大航海时代，海上丝绸之路与西方大航海路线连成一线，瓷器的环球商路形成了。西班牙、葡萄牙凭借其航海优势，开始从中国大批量购买瓷器，成为中国瓷器“批发商”的欧洲先驱。两国船队从漳州、泉州、广州等中国东南沿海城市出发，将中国瓷器源源不断地输往威尼斯、哥德堡、里斯本、阿姆斯特丹、汉堡等欧洲港口。从此，以前只运到地中海和东非海岸的瓷器，已经绕过好望角，到达欧洲了。明末以后，输出的瓷器除品种、数量等较以前有很大增加外，还出现了中国以前没有的器物。这些器物是根据西方的需要在广州烧制的瓷器，其造型和装饰图案多属西方文化，有的在纹饰中绘有家族、城市等图案标志，称为“纹章瓷”。这说明中国已经沦为西方市场的瓷器加工厂，千年来中国文化主导输出瓷器生产的现象已成为历史。

随着瓷器的外销，中国的制瓷技术也随之外传。朝鲜是最早学会制瓷方法

奈良三彩五口瓶

的，他们于918年开始烧制瓷器。八九世纪，日本引进我国的制瓷技术，烧出了质量很高的“奈良三彩”釉陶。约在11世纪，埃及人也开始仿造中国瓷器并取得成就。15世纪，阿拉伯人把制瓷方法传到意大利，为欧洲制瓷史开辟了一个新纪元。但是，在17世纪以前，所谓的欧洲瓷器实际上并不是真正的瓷器，而是陶器或者软质瓷。

17世纪，法国国王路易十四派遣了一批传教士来到中国。其中有个叫殷弘绪的传教士，他来到瓷都景德镇后，结交了江西巡抚郎廷极。通过郎廷极，他向康熙帝进献了一批法国葡萄酒，讨得了康熙帝的欢心，得到了常驻景德镇传教的特权。他在景德镇整整住了7年，自由出入瓷器作坊，最终探听到了瓷器制作的细节和原料配方，分两次写成报告，夹带了样本寄回欧洲。从此，欧洲人开始自己制造精美的瓷器。

欧洲掀起“瓷器热”

中国瓷器自传入欧洲以后，一直受到欧洲众多王公贵族的喜爱，被视为“东方的魔玻璃”，成为上流社会地位、财富、风雅的象征，通常只有在皇宫和贵族的客厅里才能看到。有的欧洲人甚至认为瓷器有一种超自然的魔力，他们确信假如在中国瓷器里盛放毒药，瓷器会开裂。可见当时欧洲人对中国瓷器的痴迷。

说到对中国瓷器的痴迷，就不得不提中国瓷器的“忠实粉丝”——法国国王路易十四。1670年，路易十四在凡尔赛建了一座“中国宫”——特里亚农宫。特里亚农宫也称特里亚农瓷器宫，以陈列路易十四珍藏的中国青花瓷器而著名。瓷宫由三座单层亭子式的建筑组成，一字排开，每层的檐翼上都悬挂着响铃。瓷宫的装饰设计大量采用中国青花瓷白地蓝花风格。设计者还运用中国园林的设计方法，如岩洞、假山、拱桥、曲溪以及小径，园内花木错落，有着地道的中国风情。瓷宫里还安放着许多中国花瓶，以及模仿中国式样的家具。

路易十四还命令宰相马萨林创立了“中国公司”，到中国订制带有法国甲胄、军徽、纹章、家族人像等图案的瓷器。这些纹章瓷都是按照他们提供的设计图样由中国工匠来烧制，当这种纹章瓷出现在欧洲大陆时，又掀起了一股收藏与定制中国瓷器的狂潮。此后纹章瓷便在欧美等地盛行起来。如俄国彼得大帝在中国定制了绘制双鹰国徽的瓷器，现在故宫博物院还收藏有康熙年间烧制的有俄国国徽的彩瓷。由于这类瓷器是专门定做烧制，所以在用料、做工上都十分讲究，以至于被中国人称为外销瓷中的“官窑”。

徽章瓷

德国国王奥古斯都二世也是一位狂热的瓷器收藏家。遗存至今的一份收藏清单表明，奥古斯都二世收藏的顶峰时期，拥有的东方瓷器多达 24 100 件，中国瓷器达到了 17 000 件，他还专门修建了“中国宫”和“日本宫”来摆放这些瓷器。

在奥古斯都二世身上还发生过世界外交史上的一件奇闻逸事。为了买到普鲁士国王威廉汉姆一世手上的 151 件青花瓷，奥古斯都二世不惜以 600 名骁勇的近卫骑兵作为交换。这支用来换瓷器的骑兵，因此获得了“瓷器兵团”的绰号。这批瓷器也被称作“近卫花瓶”，至今仍陈列在德国德累斯顿古城茨温格宫里的陶瓷收藏馆内。

除了路易十四和奥古斯都二世以外，波兰国王约翰有一个专门陈列中国瓷器的“中国厅”；英国女王玛丽二世在宫内专门设置许多玻璃橱窗陈列各种中国瓷器；德国的一些宫殿如夏洛腾堡等，以收藏中国瓷器著称……

18 世纪以后，随着中国瓷器大量输往欧洲，瓷制茶具、餐具等为欧洲普通民众所广泛使用，中国瓷器也成为欧洲民宅内常见的装饰品。如在荷兰，民居中的壁炉上、器物的托座上，就经常安放着中国瓷器，用以装饰点缀。特别是饮茶习惯在英国等国成为时尚后，瓷器便成为普通民众的日常生活用具，各个阶层的家庭都普遍使用中国瓷器。中国瓷器融入了他们的生活，成为他们生活中不可或缺的一部分。

受到欧洲人喜爱的中国瓷器

课后思考

1. 宋朝制造瓷器的技术取得了巨大进步，你认为主要原因是什么？
2. 请你查找相关资料，说说瓷器外销的主要路线有哪几条。
3. 中国瓷器在欧洲这么受欢迎，你有何感想？

第六课　风靡全球的茶叶

最早风靡全世界的饮料是什么？不是白瓷杯里的黑褐色咖啡，也不是用简易塑料瓶包装的可乐，而是原产自中国的植物饮料——茶。马来西亚前总理马哈蒂尔说："如果有什么东西可以促进人与人之间的关系的话，那便是茶。"神农尝百草是茶叶最初的传说。就在人们好奇茶叶的由来时，不知不觉间，这味草根起家的中国圣品沿着丝绸之路，慢慢地把它的精华铺洒到了全世界。

茶叶

茶叶，微甘小苦。尽管它的发源还有待探究，不过这无关大体。药材、食物、饮料，茶叶的功用在不断地被发现，也不断地被平民百姓所接受和喜爱。

茶叶

茶，先是作为药材，继而成为上流社会饮品，渐渐传播到民间；先是家中男子享用，妇孺不得，后来随着茶叶的大量生产，全民参与茶之盛筵。无论是接待贵客的权臣富商，还是刚干完农活的农民；无论是游人中途歇息，还是好友相聚，一壶热茶都是最好的选择。茶叶珍稀时，百姓家总是将茶叶一遍又一遍地熬，最后连茶叶渣也嚼了吞下，或将茶叶渣熬煮在粥中，丁点儿都不舍得浪费。

知识链接

《神农本草经》曾记载："神农尝百草，日遇七十二毒，得荼（即茶）而解之。"反映的就是古代发现茶能治病的起源，这说明我国利用茶叶至少已有4 000多年的历史。

奶茶

据说文成公主入藏以后，喝不惯当地的腥味较重的生牛奶。面对难以下咽的生牛奶，文成公主灵机一动，想了一个好办法，把从长安带来的茶叶冲泡开，和牛奶混合，这样不仅掩盖了牛奶的腥味，而且让这杯新饮料既有茶的清香，又有奶的甘醇。文成公主高兴地给它取了个名字——“奶茶”。

文成公主的喜爱使奶茶被当地人认识和接受，对于藏族牧民而言，奶茶既解渴又充饥，比其他饮料更胜一筹。牧民喝奶茶时，还要泡着吃些炒米、黄油、奶豆腐和手抓肉，这样既能温暖肚腹，抵御寒冷的侵袭，又能帮助消化肉食，还能补充因吃不到蔬菜而缺少的维生素。所以，在牧区有一句俗语：“宁可一日无食，不可一日无茶。”

青藏高原、蒙古高原和中亚地区的奶茶有着悠久的传统，随着贸易的开展，奶茶也随之传到很多地方，并为当地人所“改造”，有了各式各样的品种。如茶叶沿着丝绸之路传入印度之后，在印度出现了以加入特殊香料玛萨拉而闻名的印度奶茶。

外传

茶的外传，不只是茶叶的外传，还包括茶文化与茶精神的外传。

根据史料记载，中国茶叶向海外传播，可追溯到南北朝时期。当时中国商人与突厥、蒙古等邦国交往密切，有土耳其商人来我国西北边境以物易茶，这被认为是茶叶对外贸易的最早记录。

日本、朝鲜等国因为常有使者、僧人来华，在进行佛教等文化交流时，也进行了茶文化和种茶技术的交流。

茶传入朝鲜半岛是在 6 世纪中叶，其茶种是由华严宗智异禅师在朝鲜建华严寺时传入，到了 7 世纪饮茶之风风靡全朝鲜。朝鲜《三国本纪》中就有提到：“入唐回使大廉，持茶种子而来，王使植地理山……”到宋代时朝鲜人掌握了煮茶的技巧。

茶叶及茶文化传入日本，主要是通过使者和学问僧实现的。其中贡献最大的要属都永忠和最澄禅师。

唐代宗时，都永忠来到中国，在唐朝生活了二十多年，后与最澄禅师等一起回国。都永忠平生好茶，当嵯峨天皇经过梵释寺时，作为该寺高僧的都永忠，亲手煮茶进献。天皇品尝过之后，对茶甚是喜爱。随后，嵯峨天皇便命畿内等地种茶，作为每年的贡品。最澄禅师从中国回日本时，在他回国的行李中，就有中国的茶籽。回国后，最澄禅师开始在家乡种植茶叶。后来在天皇的支持下，茶叶在日本得到大面积栽培。如今，日本除了沿用中国汉朝时期的蒸茶法外，还完整地保留着中国宋代点茶道的仪式。精妙神奇的茶道在原产地中国已经无处寻觅，在日本却得以发扬光大，并形成具有日本民族特色的艺术形式和精神内涵，难怪会有人认为日本是茶道的故乡。

知识链接

茶道是通过品茶活动来表现一定的礼节、人品、意境、美学观点和精神思想的一种行为艺术。它是茶艺与精神的结合，并通过茶艺表现精神。兴于唐代，盛于宋代、明代，衰于清代。中国茶道的主要内容讲究五境（即茶叶、茶水、火候、茶具、环境）之美，同时配以情绪等条件，以求“味”和“心”的最高享受。将日常生活行为与宗教、哲学、伦理和美学融为一体，以和、敬、清、寂为基本精神的日本茶道，就继承了唐宋遗风。

大约在6世纪时，茶叶通过西北丝绸之路，由回族人运销至中亚。在中唐以后，随着民族交往不断增多，中原地区的饮茶习惯向吐蕃和回纥等少数民族聚居的边疆地区传播，客观上为茶叶向中亚和西亚传播创造了条件。这一时期，居住在中亚和西亚的人们对茶叶有了一定的了解。在塔吉克斯坦，“茶”字的发音为“切尔”，跟汉语“茶”字的发音相近，近似于音译，从中也可以窥见中亚茶文化与中国茶文化的渊源。中亚大多数国家都信仰伊斯兰教，而伊斯兰教禁酒，茶就成为穆斯林日常生活中的主要饮品。

知识链接

穆斯林，阿拉伯语音译，意为“顺从真主者”“实现和平者”，指信奉伊斯兰教的人。

714年，唐朝政府设市舶司管理海上对外贸易。从此以后，中国的茶叶除了通过陆上丝绸之路输往西亚和中东地区外，还通过海上丝绸之路向东输往朝鲜和日本，向南输入东南亚和南亚。

茶叶贸易

1607年，荷兰东印度公司首次到澳门贩运茶叶，并于1610年运达欧洲，成为中西茶叶贸易的先驱。此后的整个17世纪，“海上马车夫”荷兰占据了中国茶叶对外贸易的霸主地位。1637年，英国东印度公司的船队来到广州，开始贩运茶叶，并逐渐取代了荷兰的霸主地位。除此之外，葡萄牙、西班牙、法国、美国、德国、瑞典、丹麦等国也有船队来华进行茶叶贸易。

知识链接

17世纪，欧洲的资本主义经济得到较大的发展，各国之间的贸易往来日益增多。当时，世界各国间的贸易通道主要在海上。船在当时就像陆路运输的马车一样，哪个国家掌握了“海上的马车”，它就是“海上的马车夫”。在整个17世纪，荷兰是世界上最强大的海上霸主，因此荷兰被称为“海上马车夫。”

红茶

嗜饮红茶的凯瑟琳皇后

茶叶沿着陆上丝绸之路，通过阿拉伯人、欧美访华使者以及留学生传到遥远的欧洲和美洲后，饮茶成为王公贵族的日常行为。当时，英国一户普通人家一年的生活费用大约为5英镑，而1磅（0.45千克）茶叶的价值就高达10英镑。1662年，葡萄牙公主凯瑟琳嫁给英国国王查理二世时，其陪嫁就包括221磅红茶和精巧的中国茶具，可见凯瑟琳有多么喜爱饮茶，因此她也被人们称为“饮茶皇后”。在“饮茶皇后”的影响下，饮茶成为高贵地位的象征，加上茶清新的味道，给唇齿带来的美好感受，引得贵族们争相效仿，王宫贵妇也自此养成了喝下午茶的习惯。

然而英国本身的气候和地形条件是不适宜种植茶叶的，从实验区出来的成果也少得可怜。于是，与中国的贸易就成为必须。

福建武夷山是重要的茶叶产区，勤劳智慧的福建人民在天然绿茶的基础上加以改进，生产出色泽和茶汤都呈现红色的茶，故名“红茶”。

这种味道更加鲜爽的茶叶很得英国人的喜爱，因此福建红茶大量销往英国。为了使航行的速度更快，能够运送更多的茶叶到英国，英国人费尽心思制作名为“飞剪船”的航行工具。这种船船型瘦长，设计大胆，运行高速，使每一次航行都变成了生命的冒险，但其中蕴含的巨大利润又让人甘愿冒这个险。这只是英国茶叶来源的一个剪影，更令人震惊的是，在当时的英国社会，许多家庭每年至少有十分之一的家庭收入是用来购买茶叶。

后来，陆上丝绸之路的通畅使俄国一度取代英国成为中国茶叶的最大买家。中国香港、菲律宾棉兰老岛、印度阿萨姆等地也因茶叶贸易而兴起。

1. 鲁迅曾经说过“越是民族的就越是世界的”，中国福建出产的红茶成为欧洲皇室的挚爱，你从中得到怎样的感悟？
2. 丝绸之路从以丝绸为主要商品过渡到以瓷器、茶叶为主要贸易对象，这是不是说明丝绸在世界上的影响力在降低呢？说说你的理由。

第七课　丝绸之路上的宗教

有近两千年历史的丝绸之路是一条东西方文明相互接触与碰撞之路，也是宗教文化的传播与交融之路。佛教、袄教、景教、犹太教、伊斯兰教等都是循丝绸之路传入中国的，因此丝绸之路也被称为“宗教之路”。在丝绸之路上，僧侣不为利益只为“福音”和“真理”，不畏艰险来往于各地。由于他们的努力，丝路上的不同宗教文化得以交流，各地文化也因相互交融而有所变化和发展。宗教的流传与交往，促进了中外民众信仰生活的相融，成为丝绸之路的精神之魂。

佛教的传入和发展

佛教产生于古代印度，西汉末年至东汉初年（即 1 世纪前后）通过丝绸之路由西域传入中国。64 年，汉明帝派遣使臣出使西域，拜求佛经、佛法。后来，使臣把印度高僧迦叶摩腾和竺法兰请回了洛阳，并用白马从西域驮回大量佛经、佛像。为纪念白马驮经，汉明帝在洛阳建造了中国第一座佛教寺院白马寺。迦叶摩腾和竺法兰就住在白马寺内，并在此译出中国第一部汉译佛典——《四十二章

白马寺

经》，自此佛教在中原大地上落地生根。佛教传入后，受到中国本土道教的影响，因此汉代佛教经典中也掺杂着道教的教义。

魏晋南北朝时期出现过两次“毁灭佛法”的事件，分别是北魏太武帝、北周武帝发动的，致使佛教在中国的发展受到很大打击。但总的说来，魏晋南北朝时期的历代帝王还是以扶植佛教为主，佛教在这一时期有了极大的发展，主要表现在寺院数量的大量增加和云冈石窟、龙门石窟的开凿。唐代著名诗人杜牧的诗句“南朝四百八十寺”，就是南朝佛教兴盛的真实写照。当时，由于玄学流行，佛教与玄学相结合，人们常常用玄学来解释佛教教义。同时，佛教还吸收了中国传统的儒家等思想，形成了自己独特的理论和颇具民族特点的中国佛教。这在这一时期中国出现的各种佛像（包括塑像和画像）中可以得到印证，即佛像不再是单纯地模仿西方传来的佛像图样，而是融合了中国的民族风格。

云冈石窟

知识链接

云冈石窟位于山西省大同市，开凿于北魏时期。石窟依山开凿，东西绵延1公里。今存有主要洞窟45个，大小窟龛252个，石雕造像51 000余躯，为中国规模最大的古代石窟群之一，与莫高窟、龙门石窟和麦积山石窟并称为“中国四大石窟艺术宝库”。2001年被联合国教科文组织列入《世界遗产名录》。

龙门石窟位于河南省洛阳市，于北魏孝文帝迁都洛阳后开始营造，后连续大规模营造达400余年之久，南北长达1公里。今存有窟龛2 345个，造像10万多尊，碑刻题记2 800多品。2000年被联合国教科文组织列为世界文化遗产。

隋唐时期，随着国力的逐步增强，佛教得到新的发展，唐朝成为中国佛教发展的鼎盛时期。这一时期佛教义学蓬勃发展，促成大乘佛教各宗派的建立，华严宗、天台宗、三论宗、法相宗、禅宗、律宗、净土宗、密宗八大宗竞放异彩。此时，中国的佛教典籍与艺术品还传播到了中亚，并沿丝绸之路北线，一直向西传播至绿洲城邦龟兹。这鲜明地体现了外域文化传入后，中国先接受，后吸收，再改造，而后再向外传播的过程。

知识链接

大乘佛教也称“大乘教”，是佛教的一个派别。大乘佛教“自度度人”的理想，适合中国人传统的入世精神。而小乘佛教，则注重个人的解脱，具有出世思想，这与中国的传统文化不相容。因此，自隋唐以来，中国佛教一直以大乘佛教为主，而且中国佛教也成为大乘佛教的主要传承者与发展者。大乘佛教有著名的四大菩萨：象征愿力的地藏王菩萨；象征实践的普贤菩萨；象征智慧的文殊菩萨；象征慈悲的观世音菩萨。

五代十国时期，战乱频仍，许多佛教经书毁于战火。加上后周世宗采取了破除佛教、禁止私自出家、拆除寺庙等灭佛措施，佛教的发展受到严重阻碍。宋元时期，统治者对佛教采取保护政策，佛教得以复兴，禅宗更是盛极一时。到了明清时期，佛教进一步世俗化，总体上已经进入没落时期。

作为世界三大宗教之一，佛教传入中国后，对中国的思想、文化艺术等方面都产生了重要影响，成为对中国影响最大的外来文化。在思想领域，佛教与中国传统的儒、道思想相互吸收，相互融合，形成佛教、儒教和道教并存的局面。在文化艺术方面，众多大规模的石窟寺，如云冈石窟、龙门石窟、敦煌石窟、麦积山石窟、天龙山石窟等，难以记数的佛教石刻造像，大小不一的寺院，以及翻译过来的大量佛经……这些都极大地丰富了中国古代文化艺术的宝库。

其他宗教的传入及发展

除了佛教以外，随着丝绸之路来到中国，并对中国产生较大影响的宗教还有祆教、景教、伊斯兰教等。

祆教创立于公元前6世纪，创立者为波斯人琐罗亚斯德，因此祆教又称为"琐罗亚斯德教"。又因祆教崇拜火，认为火是光明和善良的代表，所以祆教还有"火祆教""火教""拜火教"等称呼。祆教是古代波斯帝国的国教，也是伊斯兰教诞生之前在西亚最有影响力的宗教。

位于新疆的祆教遗址

公元前5世纪到公元前1世纪，祆教沿丝路向东方传播，被认为是最早传入西域的宗教。6世纪初期，祆教从西域传入中国。在传入中国后曾受到北魏、北齐、北周、南梁等统治阶级的支持，特别是在北魏时曾获得独尊地位。隋唐时期，祆教发展迅速，为加强对其的控制，政府还设立了专门的官职，试图将祆教等宗教纳入国家管理体系中。后因伊斯兰教的强力传入，祆教在北宋末期衰落，到南宋时在中国内地基本绝迹。

祆教传入中国后，在中原、蒙古、西藏等地有大量信奉者，在江南地区也能

找到其存在的痕迹。祆教对丝绸之路沿线的少数民族地区影响很大，信教者包括鲜卑人、蒙古人、突厥人、吐蕃人等。由其信仰、礼仪、习俗等演变发展而来的穆护歌、胡旋舞、泼寒胡戏等成为广为流传的文化遗产。

景教是基督教的一个支派。5 世纪，时任基督教君士坦丁堡大主教的聂斯托利被正统教会打成异端，之后他创立景教，因此景教又被称为“聂斯托利派”。景教创立后，便从叙利亚传入波斯、阿拉伯等地，并一直沿丝绸之路向东方传播，进入塔里木盆地，然后于 7 世纪左右传入中原。从 635 年开始，景教在中国顺利发展了 150 年，与祆教及摩尼教并称为唐代“三夷教”。在会昌法难之后，景教慢慢走向衰落，但仍然在丝绸之路一带顽强存在，并且一度成为一些西北边疆少数民族所信奉的主要宗教。直到明朝时，随着天主教进入中国，景教才在中国大地上消失。

知识链接

会昌法难指唐武宗在会昌年间发起的大规模毁佛运动。在会昌法难中大量寺庙被拆毁，僧尼被强迫还俗，外国僧侣被遣返。同时，景教和祆教也受到波及，从此走向衰落。

景教在古代丝绸之路上的流传范围极广，影响到了西域、中亚等地，并且在沟通中西上意义重大。

伊斯兰教是在 7 世纪中期由阿拉伯人穆罕默德创立的，其经典是《古兰经》，其信奉者被称为“穆斯林”。伊斯兰教是严格的一神教，认为安拉是唯一真神，除安拉之外别无神灵。

唐朝时期，伊斯兰教自西亚、中东传入中国，在中国内地开始传播。经宋、元、明、清 1 000 多年的传播发展，成为中国五大宗教之一，有信徒约 3 000 万人。伊斯兰教在中国不同历史时期有不同的称谓。宋朝和元朝时称“大食教”，明朝时称“天方教”“回回教”，明朝末年至清朝称“清真教”。

伊斯兰教传入中国后，在少数民族地区得到广泛传播。维吾尔族、塔塔尔族、哈萨克族、乌孜别克族、塔吉克族、回族、东乡族、柯尔克孜族、保安族、撒拉族等少数民族居民大多数信仰伊斯兰教。这些民族的衣食住行以及语言、服饰、建筑、婚丧嫁娶、习俗等方方面面都受到伊斯兰文化的深刻影响。

东来西往的僧侣

丝绸之路上，除了商人、使臣外，还有一个重要的群体，那就是僧侣。作为宗教传播者，他们东来西往，把丝绸之路当作求法之路、传法之路。他们不但丰富了丝绸之路上各地域各民族的精神生活，而且为东西方文化交流做出了巨大的贡献。

佛教高僧鸠摩罗什就是其中一位。鸠摩罗什祖籍天竺，出生于西域龟兹国。他的父亲是龟兹国的国师（受国王尊奉的最高佛学水准的代表），母亲是龟兹国国王的妹妹。受父母亲的影响，他七岁出家修炼佛学，广学佛教的大乘佛法和小乘佛法，特别精通大乘佛法。20 岁时，他就被龟兹王敬为国师。

4 世纪末，鸠摩罗什来到长安传授佛法。当时的统治者重视佛教，在长安组织了规模宏大的译经道场，鸠摩罗什被委以重任，主持译经工作。在此期间，他先后翻译佛经 94 部共 425 卷。其中《大品般若经》《小品般若经》《妙法莲华经》《金刚经》等至今盛行。鸠摩罗什的译经还为佛教艺术的发展提供了大量的内容素材。如麦积山石窟的三世佛造像与当时的中国统治者接受了鸠摩罗什的大乘思想有关，石窟中出现的大量“西方净土经变”“维摩诘经变”都与鸠摩罗什的译经有关。

鸠摩罗什寺

鸠摩罗什改变了以往中国佛经只有零星翻译的历史，使得佛教经典基本都有中译本，而且他一改以往佛经翻译的朴拙风气，使中文佛经达到了意义通达的水准。鸠摩罗什翻译的佛经不论是在语言技巧上还是在语言的准确性、艺术性、流畅性等方面都超过了前代和同时代的翻译家。他还把印度佛教文化、龟兹文化、西方文化与汉文化相融合，因此有学者称“鸠摩罗什是使印度佛教艺术华夏民族化的倡导者、支持者、传弘者和贡献者”。

鸠摩罗什纪念堂

鸠摩罗什不仅对中国佛教哲学思想的完善和发展产生了巨大的推动作用，而且对当时中国的文学、音乐以及后来的日本、新加坡、韩国、越南等国的佛教文化都产生了深远的影响。

法显

除鸠摩罗什外，从西域来到中国传授佛法的僧人还有很多，如菩提达摩、真谛等，而从中国往西取经求法的高僧也不在少数，东晋著名僧人法显就是其中杰出的代表。

法显生活在魏晋南北朝时期，这一时期佛教得到了很大发展。各种佛教流派，纷纷传入中国；佛教典籍，被大量翻译；全国各地广修佛寺；佛教信徒迅速增多。但是当时中国佛法并没有统一的戒律，僧人修行没有统一的行为规范，僧团管理无章可循，佛教界出现了前所未有的混乱局面。有的僧人圈占土地，聚敛财物，与民争利，贪得无厌；有的奸淫偷盗，败坏佛门……甚至出现后燕吴柱叛乱（吴柱立僧侣法长为皇帝，以佛教为幌子，裹挟十万僧侣信徒参与杀戮的事情）。这一切深深地触动了法显，为了求得真正的戒律，为了佛门大业万代流传，法显不顾 65 岁的高龄，于 399 年毅然踏上西行的道路，去往天竺求取戒律。

然而西行之路并非平坦顺畅，而是充满艰难险阻。法显在没有任何代步工具的情况下，全凭两条腿行走，而且很多地方道路已经毁坏无影或者原本就没有道路，他只能边开辟道路边前行。法显在他后来的游记《佛国记》中记述了穿越沙漠时的情景："上无飞鸟，下无走兽。四顾茫茫，莫测所之。唯视日以准东西，望人骨以标行路耳。"意思是说：在沙漠之中，天空中没有飞鸟，地上没有走兽。四处张望，想要寻找走出沙漠的路，却根本不知道有什么东西可以参照。只有看着太阳来确定方向，望着近处堆起的死人枯骨来找寻行进的路线。由此可见当时路途之凶险、条件之恶劣。

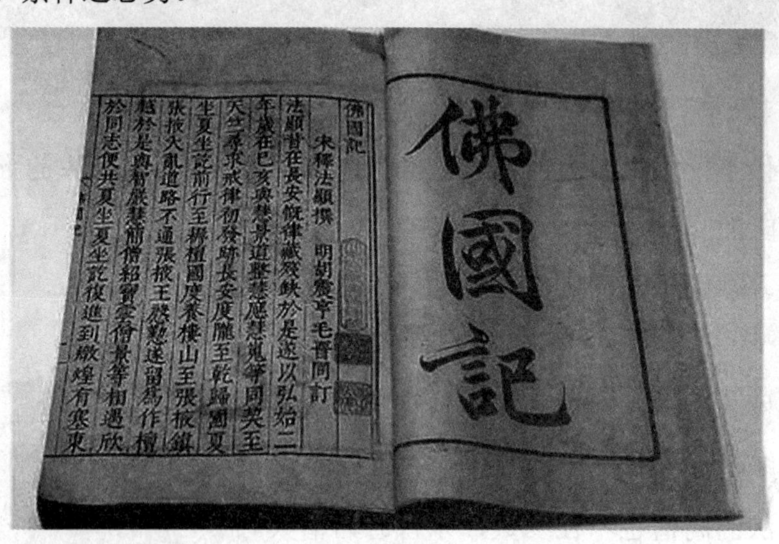

佛國記

宋釋法顯撰　明胡震亨毛晉同訂

法顯昔在長安慨律藏殘缺於是遂以弘始二年歲在己亥與慧景道整慧應慧嵬等同契至天竺尋求戒律初發跡長安度隴至乾歸國夏坐夏坐訖前行至耨檀國度養樓山至張掖鎮張掖大亂道路不通張掖王慇懃遂留為作檀越於是與智嚴慧簡僧紹寶雲僧景等相遇欣於同志便共夏坐夏坐訖復進到燉煌有塞東

佛國記

《佛国记》

但是法显心中的信念一直在支撑着他，终于在 404 年，法显来到了佛教的发祥地——祇园精舍。第二年，他来到了佛教极其兴盛的达摩竭提国巴连弗邑。

但是这里传经都是口授，僧人们都是把听到的佛经记在脑子里，代代相传，根本没有编印成书。法显大失所望，但他不甘心空手回去，于是71岁的他开始学习梵文，抄写经律。他每日听僧人们口授，听一句，记录一句，一天一天，一月一月，一年一年，经过3年努力，记录下了厚厚一摞，收集了《摩诃僧祇律》《萨婆多部钞律》等六部佛教经典。后来他又周游了南天竺和东天竺，去到了狮子国（今斯里兰卡），求得了《弥沙塞律》《长阿含》等四部经典。

411年，法显完成了取经求法的任务，坐上商人的大船，循海东归。412年，78岁的法显回到祖国，他把自己13年西行求法的经历记录了下来，写成了《佛国记》。

当然，除了鸠摩罗什、法显外，通过丝绸之路往来于东西方的僧侣还有很多很多，如唐朝高僧玄奘、义净和鉴真，天竺僧人真谛，天主教耶稣会传教士南怀仁、利玛窦和汤若望等。他们不畏艰险，万里跋涉，不但为宗教传播和东西方文化交流做出了巨大的贡献，而且在丝绸之路上架起了一座友谊的桥梁。

1. 你是否去过中国四大石窟或者看过相关图片和影视资料？这些石窟让你印象最深刻的是什么？
2. 查找相关资料，然后想一想，世界三大宗教是哪三个？除了文章介绍的宗教外，你还知道哪些宗教是从外域传播到中国的？
3. 鸠摩罗什和法显的身上有哪些品质值得我们学习？

第八课　丝绸之路上的使者

丝绸之路作为一条横跨亚欧大陆的交通要道，承载着外交往来、商贸活动、宗教传播、民族迁徙、文化交流等诸多功能。在这条路上涌现出许许多多的传奇人物：凿空西域的张骞、投笔从戎的班超、西天取经的玄奘、六渡日本的鉴真、游历中国的马可·波罗、七下西洋的郑和……他们的事迹我们耳熟能详，他们的精神值得我们学习。这一课我们再来认识几个丝绸之路上传播和平与友谊的使者。

傅介子计斩楼兰王

说起汉朝出使西域的使臣，浮现在人们脑海中的往往是张骞、苏武、班超。其实，在出使西域的人群中，还有一位重要的代表人物，他就是李白笔下“愿将腰下剑，直为斩楼兰”的傅介子。

傅介子生活在西汉。当时，西汉与匈奴交战多年，双方都有较大损失。西域的形势也很混乱，龟兹、楼兰等西域小国都倒向匈奴一方，与匈奴联手经常在驿道上劫杀汉朝与各国使者及过往商人。而龟兹、楼兰又处在汉朝与西域诸国往来的咽喉之地，因此其劫掠行为直接损害了汉朝的威望及与西域各国的交往。于是，汉朝决定派人刺杀楼兰王，杀鸡儆猴。当朝廷正在讨论派遣谁去时，曾经出使过西域的傅介子主动请缨，要求再次出使西域，完成刺杀楼兰王的任务。

楼兰故城遗址

知识链接

楼兰古国是古丝绸之路上的一个小国，位于罗布泊西部。王国的范围东起古阳关附近，西至尼雅古城，南至阿尔金山，北至哈密，在古代丝绸之路上占有极为重要的地位，现今只留下一片废墟遗迹。

公元前 77 年，傅介子以汉朝赏赐西域各国的特使身份，带着士卒、翻译和大量财物，一路浩浩荡荡向楼兰出发，很快就到了楼兰王都。当傅介子前往拜见楼兰王时，楼兰王安归并不把这个素衣飘飘的汉朝使臣放在眼里。傅介子一行毫不在意，带领人马继续西行，但心里却在谋划计策。到了楼兰的西部边界，傅介子对送行的楼兰国翻译说："我朝天子派我以黄金、锦绣巡行赏赐各国，既然你们国王不愿接受这些赏赐，那我只好把它们送给其他国家了。"说完，还故意让翻译看了所带的大量财物。

翻译立马赶回王都，向楼兰王报告了这一情况，楼兰王贪图傅介子所带的财物，于是令人速速召回傅介子，并设宴盛情款待傅介子一行。宴间，傅介子把带来的黄金、丝绸等财物展现在席前，贪财的楼兰王眼睛直勾勾地盯着这些财物。傅介子乘机劝酒，等到双方都有些醉意时，傅介子对楼兰王说："我朝天子还有些话让我私下里转告您。"楼兰王此刻已经被美酒和黄金弄得头晕眼花，完全丧失了警惕性。他屏退左右，起身随傅介子进入帐篷中谈话。傅介子贴近楼兰王假装要说悄悄话，这时突然闪出两名壮士，他们同时将刀刺向了楼兰王，楼兰王当即毙命。

楼兰王的亲信得知傅介子刺杀了楼兰王后，正要捉拿傅介子时，傅介子镇定地对他们说："你们的国王常受匈奴指使，劫杀我朝派赴西域和大宛、安息等国派赴我朝的使者及过往商人，违背天理且有负于我朝。我朝天子派我来诛杀他，并立尉屠耆为新的国王。我朝大兵已经来到楼兰边境，你们如果敢轻举妄动，就会遭受灭顶之灾。"这些亲信都被傅介子的威严所吓倒，不敢上前捉拿，任由傅介子带着楼兰王的首级离开楼兰。

回到朝廷后，傅介子受到了汉昭帝的嘉奖，并被封为义阳侯。

傅介子征服楼兰，打通丝路，具有重要的意义，而且他这种临危不惧、不辱使命的胆略和气度，在历史上也产生了广泛而又深刻的影响。

利玛窦

利玛窦

在丝绸之路上不但涌现出众多的中国使者，而且还活跃着许多外国使者，利玛窦就是其中一个重要的代表人物。

利玛窦是天主教耶稣会意大利籍传教士，也是天主教在中国传教的开拓者之一。1583年，他来到广东肇庆。之后，他在这里建立了第一个传教驻地，开始了在中国的传教生涯。

利玛窦深知，要想在中国传教，就必须适应中国本土文化。于是，他取汉名，习汉语，穿汉服，行儒家礼仪，还钻研中国儒家典籍。在传教士里面，他对中国学问的造诣是顶尖的。同时，他的学识也让中国的知识分子对他产生敬佩之情，大家都亲切地称他为“西儒利氏”——当时只有饱学之士才有资格被称为“儒”。他还广泛结交社会上层人士，希望得到有社会地位的人的支持和认可，而社会地位最高、最有权威的人当然是皇帝。于是，1598年，利玛窦来到北京请求觐见皇帝。不过这一次他四处碰壁，未能如愿，只好返回。

之后利玛窦结交官员，给他们讲授西方学术，演示自造的天球仪等天文仪器。在官员们的帮助下，1601年利玛窦得以再次来到北京，并给万历皇帝呈上了自鸣钟等16件贡品。万历皇帝非常欣赏自鸣钟，为了便于修理自鸣钟，特许利玛窦留居北京。在北京期间，利玛窦绘制了一幅世界地图，后由李之藻刊印，称“坤舆万国全图”。这幅地图是近代以来世界地图史上第一幅比较完整的世界地图。它打破了中国人传统的“天圆地方”的认知，让人们开始开眼看世界，认识到中国只不过是地球上的一小块而已，从而改变了中国人的世界观。

也是在这一时期，利玛窦结识了徐光启，两人共同翻译了古希腊数学家欧几里得的《几何原本》。1607 年，《几何原本》前六卷正式出版，这是我国翻译最早的一部自然科学著作，对我国近代数学的发展产生了巨大的影响。

利玛窦与徐光启

利玛窦在中国生活了 20 多年，并最终病逝于中国。他除了在中国传播天主教外，还把西方的几何学、地理学知识，以及人文主义的观点带到了中国。他给欧洲的朋友写信，介绍中国文化，也赞扬中国文化，他把中国形容成“礼仪之邦”，使那时的欧洲人对中国有了非常正面的印象。总之，利玛窦为中西文化的交流做出了重要贡献，是传播和平与友谊的使者。

1. 除了课文讲到的这两个人物外，请你再列举三个丝路上的使者，并说说他们的事迹。
2. 傅介子和利玛窦身上有什么共同特点？你打算如何向他们学习？

第九课　农作物的传播与艺术的交融

丝绸之路既是一条商贸之路，又是一条农作物传播与文化交流之路。通过丝绸之路，大量域外作物来到了中国，并在中国广泛种植，保留至今，中国的许多作物也传到了世界各地，在当地落地生根。同样通过丝绸之路，不绝的商旅使者带来了中西艺术的交融。

农作物的“引进”与“输出”

自从丝绸之路开通以后，大量域外作物随着商旅使者的往来而被陆续引入。

葡萄、大蒜、香菜、黄瓜、蚕豆、芹菜……这些人们耳熟能详的作物都是汉代张骞出使西域后引进来的。其中葡萄是最早进入中国的农作物之一，其原产地是西亚、中亚一带。葡萄让人喜爱不仅因为它是美味的水果，还因它能酿成香醇的葡萄酒。西汉时，葡萄已经在全国广泛种植。到东汉时，人们掌握了葡萄酒的酿制技术。唐太宗时，酿制方法出现创新，酿出了一种八色的葡萄酒。

菠菜原产于波斯，后传到尼泊尔。唐太宗时，尼泊尔使臣向唐太宗献上了菠菜等贡品，从此菠菜在中国安了家。据说吃菠菜可以化解服用丹药后带来的不适感，因此菠菜深得炼丹道士的偏爱。菠菜还有个别名叫鹦鹉菜。这个别名来源于一个有趣的故事。传说明成祖朱棣微服私访到一家小店，吃到一道用豆腐干和菠菜烹制的菜，觉得味道鲜美，便问店小二这道菜的名字。店小二见他气质不凡，便说：“金砖白玉板，红嘴绿鹦哥。”这个故事也从一个侧面说明，到明朝时，菠菜已经进入普通百姓的生活了。

16 世纪后期，西班牙人在菲律宾建立殖民地，一些美洲农作物开始传入菲律宾，再由菲律宾传到南洋各地，并进一步传到我国，这时，正是我国的明清时期。美洲作物的引种与传播成为明清时期我国农作物引进的一个显著特点。据记载，当时引入的农作物有玉米、番薯、马铃薯、木薯、花生、向日葵、辣椒、番茄、菠萝、腰果、可可、烟草等近 30 种。美洲作物传入中国后，很快就发展为全国性的农作物，被广泛种植。

据统计，在中国现有的农作物中，至少有50多种来自国外。中国引进的外国作物的命名有一个特点，带“胡”字的，如胡桃（核桃）、胡瓜（黄瓜），大多是两汉、南北朝时期引进的；带“番”字的，如番茄、番薯，一般是明朝以后传入中国的美洲作物；带“洋”字的，如洋葱、洋白菜，往往是清朝末年和民国时期传入中国的。所以，带“胡”“番”“洋”的作物，大体上指示了这些作物传入中国的不同时代。

知识链接

扁豆：原产于印度，约在魏晋南北朝时传入。

茄子：原产于东南亚和印度，约在晋代传入。

黄花菜：原产于印度，后汉时已广泛种植。

木耳菜：学名落葵，又叫胭脂菜。原产于亚洲及北美洲，宋朝前已有栽培。

胡萝卜：原产于北欧。元朝，波斯人来中国时带入云南地区，后传遍全国各地。

洋白菜：又叫包心菜，清朝初期传入。

西瓜：五代时期传入。

无花果：唐朝以前就已传入。

哈密瓜：南宋时期第一次有文献记载。

菠萝：原产于巴西，明朝时传入。

草莓：明朝时开始栽培野生草莓，但直到清朝中期，才从英、法等国引进良种。

木瓜：原产于墨西哥，明末清初传入我国。

交流都是相互的，在外域农作物不断传入中国的同时，中国的农作物也在源源不断地向外传播。

稻产自中国，早在7 000年前就已经在长江流域种植。公元前25世纪传播到印度，后又传遍亚洲，中世纪被带到欧洲南部种植，15世纪末在美洲得到推广。由于稻的产量相对较高，因此一经引进就被广泛种植。其传播使世界其他非原产地区成了早期全球化的受益者，老百姓从舌尖到口腹都得到了更大的满足。

中国大豆走向世界的时间相对稻来说比较晚。在汉代之前，中国南方地区尚不知大豆，亚洲南部地区推广大豆的时间，是在1世纪到15世纪地理大发现之间，至迟在13世纪传入东南亚地区。18世纪中期大豆传入法国，进而向欧洲扩散，之后又迅速传播到美洲、非洲、大洋洲等地。

农作物的传播不仅增加了传入地农作物的种类，而且对传入地的农业生产和饮食结构变迁产生了非常深远的影响。简而言之，丝绸之路上的农业交流活动是中外历史上浓墨重彩的一笔，大大推进了世界农业文明的进程。

丝绸之路的开通，促进了各国间的民间交往，不仅使各种农作物从原产地传播到世界各地，而且为中西文化艺术的交流打开了大门。西域的音乐、舞蹈、美术、建筑等艺术不断传入中国，为中国文化艺术的繁荣做出了巨大的贡献。

龟兹乐舞

龟兹是西域大国之一，也是西域的政治、经济和佛教中心，还是丝绸之路上的重镇。随着丝绸之路的畅通和繁荣，中西文化在龟兹交汇。龟兹文化受到了来自中亚、西亚和南亚文化以及中原文化的影响，并融合当地文化，形成了独具特色的龟兹文化。在龟兹文化中，最具代表性和最具影响力的就是龟兹乐舞。龟兹乐舞是一朵由东方中原文化、南方印度文化、西方波斯文化、北方草原文化等多重营养培育出来的艺术奇葩。在龟兹乐舞中，我们既可以看到印度、波斯文化优美婆娑的影子，又能听到中原文化深远悠长的乐音。但它既不是西方艺术的复制，也不是中原艺术的照搬，而是经过龟兹人民吸收融合后创造出来的不朽文化生命，是具有西域社会丝路风采的、宗教的、龟

龟兹歌舞表演

兹民族风格特色的全新艺术，因此被称作“天宫飞来的歌舞”。

568 年，苏祗婆、白明达两位著名的龟兹音乐大师带着舞伎来到中原，从此揭开了龟兹乐舞大规模东传的序幕。龟兹乐舞进入中原以后，深受中原帝王和广大民众的喜爱。在隋唐宫廷乐部中，龟兹乐成为演奏频率最高的音乐，隋唐宫制的 10 部乐曲中就有《龟兹》乐部。龟兹舞蹈中的胡旋舞也成为唐朝皇帝们的至爱，安禄山和杨贵妃就是因为胡旋舞跳得好而深受唐玄宗的喜爱。李白、杜甫等大诗人对胡旋舞也是交口称赞。白居易还以胡旋舞为题材作了一首诗——《胡旋女》，其中“胡旋女，胡旋女，心应弦，手应鼓。弦鼓一声双袖举，回雪飘飖转蓬舞”两句把胡旋舞动人心魄的魅力描写得惟妙惟肖。

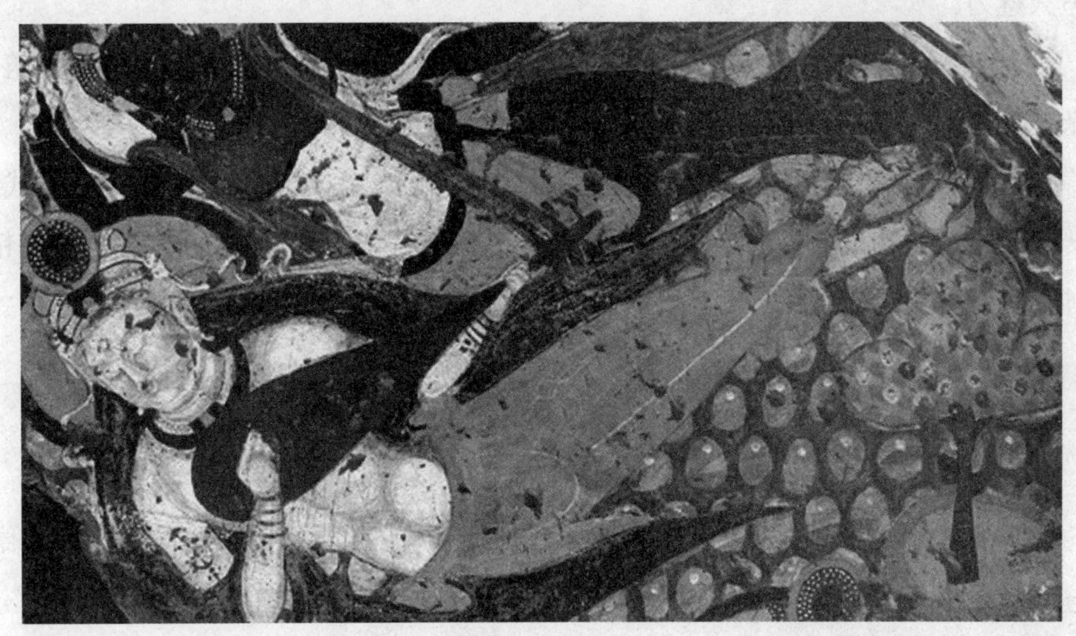

龟兹石窟中的壁画

筚篥

唐朝是龟兹乐舞发展和传播的黄金时期。这一时期，龟兹乐器、乐曲和舞蹈还传播到了日本、朝鲜、缅甸、越南等地。今天日本“雅乐”里的许多乐曲都与龟兹乐有关，龟兹乐中的五弦琵琶等乐器也成为日本传统乐器。朝鲜半岛流传的“长鼓”就是随龟兹乐舞传入的，古代朝鲜的管乐器桃皮筚篥就来源于龟兹筚篥。

日本雅乐是日本兴盛于平安时代（794—1192）的一种传统音乐，也是现存的世界上最古老的音乐形式之一。它由中国的唐乐、朝鲜的高丽乐（独乐）和百济乐、亚洲其他古代音乐以及日本的本土音乐等融合演变而来。我国也有一种叫雅乐的传统音乐，虽同名，但内容却有别于日本雅乐。

龟兹乐舞的发展和传播对我国音乐、舞蹈、杂技等的发展和繁荣产生了重大影响。至今，我们仍然可以在继承了龟兹乐舞精髓的库车民间舞蹈中感受到它的恒久魅力。

当然，龟兹乐舞只是丝路上艺术交融的一个缩影。除此之外，绘画、建筑、杂技等艺术也都通过丝路在东西方之间得到传播与交流。

总之，丝绸之路促进了文明的交流、交往、交融，改变了人们的生活方式，传播了友谊与和平，形成了和平合作、开放包容、互学互鉴、互利共赢的丝路精神，在人类文明交流互鉴史上写下了重要篇章。

1. 请你再列举几种从中国传出去的农作物。
2. 龟兹乐舞、日本雅乐等都是在吸收和融合的基础上形成的，这对我们的学习有何启示？